课程思政教学设计

上海大学课程思政教学研究中心　编

上海大学出版社
·上海·

图书在版编目(CIP)数据

课程思政教学设计/上海大学课程思政教学研究中心编.—上海：上海大学出版社,2022.4 (2023.3重印)
　ISBN 978-7-5671-4457-6

Ⅰ.①课… Ⅱ.①上… Ⅲ.①思想政治教育-教学设计-教案(教育)-高等学校 Ⅳ.①G641

中国版本图书馆CIP数据核字(2022)第048811号

责任编辑　傅玉芳
封面设计　柯国富
技术编辑　金　鑫　钱宇坤

课程思政教学设计

上海大学课程思政教学研究中心　编

上海大学出版社出版发行
(上海市上大路99号　邮政编码200444)
(http://www.shupress.cn　发行热线 021-66135112)
出版人　戴骏豪

*

南京展望文化发展有限公司排版
上海东亚彩印有限公司印刷　各地新华书店经销
开本 710mm×1000mm　1/16　印张10.75　字数181千
2022年4月第1版　2023年3月第2次印刷
ISBN 978-7-5671-4457-6/G·3432　定价　50.00元

版权所有　侵权必究
如发现本书有印装质量问题请与印刷厂质量科联系
联系电话：021-34536788

守正创新　课程育人
从创"大国方略"到"课程思政教学研究示范中心"
（代序）

上海大学　顾晓英

　　党的十八大以来，特别是习近平总书记主持召开学校思想政治理论课教师座谈会以来，党对思政课建设的领导全面加强，用习近平新时代中国特色社会主义思想铸魂育人成效显著，教师队伍建设取得突破性进展，教学改革创新的支撑保障更加有力。近年来，上海大学紧紧围绕落实习近平总书记重要讲话精神和一系列重要批示指示，落实立德树人根本任务，大力推动思政课"在改进中加强"，全面推进课程思政高质量建设，立足"教育部课程思政教学研究示范中心""上海高校课程思政整体改革领航高校"平台，从"点上开花"到"面上结果"，充分发挥国家级课程思政示范课程、教学团队和教学名师示范作用，发挥"大国方略"之"一院一大课"系列课程的品牌源动力牵引作用，建强上海高校课程思政领航学院、领航团队和领航课程，每年立项并滚动建设上海大学校级示范课程、试点课程，盘活校内外各类资源，加强部处与院系协同育人，积极营造"课程门门有思政、教师人人重育人"的良好氛围，着力发挥教师队伍"主力军"、课程建设"主战场"、课堂教学"主渠道"作用，构建全员全程全方位育人格局，让思政课培根固本、铸魂育人，帮助其他教师守好一段渠、种好责任田，帮助学生入耳入眼、入脑入心。

一、首创"大国方略"到"一院一大课"：铸魂育人

　　一是首创"大国方略"课程，系列课程讲好中国故事。2014年，上海大学率

先开发并开设"大国方略"通识课程,给大学生一双眼睛读懂中国,增进大学生政治认同和文化自信。之后,学校连续开发"创新中国""创业人生""时代音画""经国济民"等课程,形成"五朵金花"系列课程,闪亮校园。学校被誉为"中国系列"课程的"策源地"和"发祥地"。2018年,"大国方略"系列课程团队获评高等教育国家级教学成果奖二等奖、上海市高等教育教学成果奖特等奖;同年,学校首开"育才大工科"系列,通过"人工智能""智能文明""量子世界""智能法理""人文智能""生命智能"等课程,打开学生脑洞,启发学生思维,旨在培养堪当中华民族伟大复兴大任的时代新人。

二是新开"四史"课程,红色学府传承建党百年精神。 2020年,继"开天辟地"课程后,学校开发"中国记忆""体育中国""光影中国"等,形成"红色传承"系列课程。这些课程融"四史"教育入课程,用历史智慧涵养学生家国情怀,增进大学生志气、骨气和底气,激发学生勇于担当起新时代赋予的历史使命和责任,受到学生欢迎,得到新华社、学习强国等密集报道。

三是布局"一院一大课",标杆课程引领课程思政。 迄今,上海大学已累计开发、建设"一院一大课"16门,全部列入学校人才培养方案之"思政选修课"模块,同步上线11门同名优质慕课,已吸引全国1 000所高校80万名学生选修。其中,"创新中国"获评2017年首批国家级精品在线开放课程,2020年被认定为国家级一流本科课程(线上课程)。2020年,"经国济民"和"创业人生"获评上海市一流课程,获准参评国家一流课程。2021年,"开天辟地""生命智能"获评上海市一流课程。"开天辟地"获评上海市"思政课金课"。"开天辟地""时代音画"获评"上海高校党史学习教育与课程相结合示范课程"。

为抓好后继有人根本大计,建设高质量高等教育体系,应对国内外意识形态领域复杂形势要求,针对大学生思想认识和价值观念多样多变要求,上海大学把思政课和课程思政作为党委领导下的一把手工程。16门"一院一大课"系列课程,学科支撑,名师荟萃,守正创新,"激浊扬清、立破并举""解疑释惑、析理明道",作为点上标杆课程,带动线上、面上校内外课程思政建设。上海大学课程育人的创新成果已在全国各省市、高校开展报告、讲座等超过500期次。

二、做实各类课程与思政课同向同行:领航示范

一是"一院一大课"三个系列分布在不同院系,带动更多专业课教师深度参

与课程思政建设。学校高水平师资带头主讲思政课程，挖掘课程思政元素，以学科反哺本科教学，回归教书育人，真正实现以学生为中心，讲好"大思政课"，在校内外形成示范辐射效应。2017年，学校入围"上海高校课程思政教育教学改革整体校"（总12所）。2019年，学校获评"上海高校课程思政整体改革领航校"（总10所）。社会学院、理学院、材料科学与工程学院、经济学院、文学院、美术学院、机电工程与自动化学院等成为首批7个上海市重点改革领航学院。这些学院率先实施课程思政名师优课打造计划，积极申报国家级、上海市一流专业。国家杰青、著名专家学者、院系领导等积极牵头申报上海市课程思政领航团队。"红色文化与党史国史教学科研团队"等13个课程团队入选上海市课程思政领航团队。"金属塑性成型原理"等122门课程成为上海市课程思政精品改革领航课程。

二是国家级、市级和校级"示范课程"分级建设，"项目式推进"课程思政建设。课程建设是课程思政建设"主战场"。从2017年到2021年，学校已连续建设各类试点课程和示范课程，分三批遴选"科技与伦理"等44门校级示范课程，含2门研究生课程，给予重点支持。2021年，叶志明教授等负责的2018年度国家精品在线开放课程——"土木工程概论"入选"教育部课程思政示范课程"，授课教师入选"课程思政教学名师"和"课程思政教学团队"。2021年，上海大学获评"教育部课程思政教学研究示范中心"（全国共有15所本科院获评，上海大学是唯一一所地方高校）。"社会学""数学"等6个专业类别入选上海市课程思政教学指南出版专项。各团队分别结合不同课程特点、思维方法和价值理念，深入挖掘课程思政元素，研制课程思政教学指南，旨在为广大教师提供可以学习借鉴的课程思政"技术规范"和"操作手册"。

三、做亮党史学习教育与课程思政相融合：红色传承

过去一百年，中国共产党向人民、向历史交出了一份优异的答卷，深刻改变了中国人民和中华民族的前途和命运，深刻改变了世界发展的趋势和格局。2021年，为庆祝中国共产党成立100周年，上海大学积极探索，把党史学习教育与课程思政相融合。

一是立项"理解中国社会"等58门"党史学习教育与课程相融合"首批示范课程建设项目。"长江学者""杰青""优青"及各级教学名师等带头领衔，"杰青"

"优青"等踊跃担纲,线上线下结合,壮大"第一课堂"讲党史、学党史的力量。"开天辟地""时代音画"等4门课程获评上海市党史学习教育与课程相融合示范课程。微电子学院开设的新课"中国'芯'路",以宽视野、大格局讲好中国共产党故事,党史元素有机融入"硬核"课程,勉励学生勇于创新,练就报效祖国的真本领。学校在思政课和课程思政"主阵地""主渠道"讲清楚中国共产党为什么能、中国特色社会主义为什么好、马克思主义为什么行。上海大学党史学习教育与课程相融合的经验相继在上海学校依托课程思政育人体系开展党史学习教育工作推进会、上海高校党的建设工作会议等得到推广。

二是牵头发起全国高校首家党史类课程联盟。 学校主动携手嘉兴学院、井冈山大学、延安大学、临沂大学等10所高校,让党史学习教育串联更多高校点亮更多课堂。学校接连与联盟校课程组协同,联袂举办"光影中国""红船精神""井冈山精神""雨花英烈诗词"等线上线下公开课,实现联盟校名师优课的云端实时共享。

三是用好红色校史搭建课内外育人的实践平台。 作为党创办高等教育的红色一脉,上海大学邀请革命先烈后人和亲属为师生传讲"身边的红色故事",组织专家学者收集整理"中国共产党早期发展和上海大学"有关革命文献,将红色革命文献文物展请进校园。学生参演校园剧《红色学府》和电影《2021》,以沉浸式体验式的党史学习教育打动他们,入脑入心。

四是唱响上大党史学习教育与课程思政相融合的课程建设理念。 校党委书记成旦红在《思想政治工作研究》发表《"四史"学习融入思政课堂　让理想信念教育入脑入心》。课程思政教学研究中心负责人顾晓英在《思想政治工作研究》发表《打造一流党史课,筑牢育人"主战场"》,并在《光明日报》连续发表《我们的党史课有"颜值"又有"言值"》《讲好有"温度"又有"智慧"的党史课》等署名文章,讲好上大课程思政建设故事。

四、做优课程思政建设顶层设计:支撑保障

一是坚持践行立德树人根本任务,坚持用习近平新时代中国特色社会主义思想铸魂育人。 学校成立思想政治工作领导小组和意识形态工作领导小组,校党委书记担任组长。作为党委思想政治工作和落实意识形态主体责任的重要内容,学校每年召开领导小组会议,听取课程思政工作汇报,研究、部署和推进课程

思政建设。2019年,学校入选"上海高校课程思政整体改革领航校",党委书记成旦红领衔负责。学校建立由校党委全面部署领导,教务部主抓,教师工作部协同,院(系)主体推进,宣传部、组织人事部、学工办、研究生院、研工部等协同参与的领导体制和工作机制,将课程思政要求与立德树人根本任务落实到学校组织架构、管理制度和教学制度等治理体系中,把课程思政建设情况作为教师职务评聘、评优奖励和津贴分配等的重要内容。

二是召开本科教育大会和研究生教育大会,"培养全面发展的卓越创新人才"。推出《上海大学深化教育教学改革建设一流本科教育的指导意见》,明确提出,把思想政治工作贯穿于学科体系、教学体系、教材体系和管理体系中,加强课程思政建设,推进思政教育与专业教育相结合,充分发掘各类学科及课程中蕴含的思想政治教育资源。学校发挥导师言传身教作用,激励本科生和研究生导师做学生成长成才的引路人,将专业教育与思想政治教育有机融合,培养良好的学风。

三是全面启动人才培养方案修订工作,建构全面覆盖、层次递进、类型丰富、顶层设计、相互支撑的课程育人体系。2021年起,学校在四门思想政治理论课和"形势与政策""习近平新时代中国特色社会主义思想概论"基础上,为每位本科生加开3学分的X(思政课选择性必修课)课程,建强以习近平新时代中国特色社会主义思想为核心内容的思政课选修课程群。"大国方略"系列课程、"育才大工科"系列课程、"红色传承"系列课程等列入课程库,学校还开齐开足美育、劳动教育等课程,体育课程已全部贯穿本科和硕博研究生培养方案。

四是把课程思政建设质量纳入一流专业、一流课程建设的"双万计划"统筹推进中,纳入学科建设与评估、教学成果奖申报等评优评奖体系中。学校每年开展课程思政课堂教学微课录制与比赛,评选"特色亮点课堂"、课程思政教学案例,经常性组织思政"第一课"、示范课和领航课程公开课观摩等,营造全校课程思政建设的良好氛围。学校获评上海市"三全育人"试点高校,把"立德树人"工作绩效纳入年度部门考评指标。

2021年3月,学校成立课程思政教学研究中心。5月底,学校作为全国唯一地方本科高校,成功获评"教育部课程思政教学研究示范中心"。6月10日,学校在教育部课程思政建设工作推进会上,获授牌表彰。12月21日,中共上海市教卫党委副书记、上海市教委副主任闵辉和上海大学党委书记成旦红联袂为"示范中心"揭牌。上海大学课程思政教育教学改革工作得到新华社、学习强国、中国教育电视台、上海电视台等媒体密集报道。连续两年,学校相继设立26项课程思政教育教学改革研究课题。"课程思政"研究成果发表在《中国高等教育》《思想政治工作研究》等期刊。学校已连续出版《媒体中的我们:聚焦上海大学课程思政(2014—2019)》《媒体中的我们:聚焦上海大学课程思政(2020)》,连同本书,汇编近年来媒体对上海大学课程育人的近千篇报道。

五、促进课程思政建设与教师成长:"见课见师"

一是建立分层分类的高质量教师课程思政培训体系。上海大学在新教师入职培训中加入"课程思政"模块,已组织60期教师教学沙龙、近20期课程思政工作坊和数百堂"线上线下"公开课,促成教师与课程共成长。自2017年学校建设上海高校课程思政教育教学改革整体校至今,为推进课程思政建设,学校持续建设课程思政试点课,遴选示范课,组织课程思政教学案例评选,广大教师在积极响应参与的同时提升了育德意识与能力。学校组织教师认真学习《高等学校课程思政建设指导纲要》,进一步提升教师对于全面推进课程思政建设战略地位的认识,组织人事部人事处、党委教师工作部、教务部教师教学发展中心、课程思政教学研究中心等分工不分家,携手做好全覆盖、常态化的分层分类教师培训与研修,以赛促教,以研促教,完善对教师的科学合理评价体系。学校遴选建设聂永有等8个校级课程思政名师工作室,遍布学科、校区和学段,助力更多教师成长为育人"大先生"。2021年,课程思政教学研究中心聘请袁晓晶等首批12位马克思主义学院思政课教师为"思政专家",拉开新一轮思政课教师与专业学院课程团队结对共建的序幕。

二是善用社会大课堂。由点到线到面,从本科段到研究生,上海大学教务部与校基教集团办公室协同,建立贯通大中小幼思政一体化的课程育人机制;顾晓英工作室走访毕节,与贵州工程应用技术学院省级辅导员工作室——"员员工作室"结对帮扶,与南京三江学院共建课程思政;上海大学课程思政教学研究中心与郭永怀事迹陈列馆共建"教育部课程思政教学研究示范中心教师实践教学基地"。通过东中西区域联通、校际联动,实现课程思政建设校内外共建,实现"见课见师"。

三是打造网络云课堂。2020年以后,面对突如其来的疫情,广大教师积极开展"云上思政"直播,举办线上线下公开课教学,讲活讲好抗疫斗争这"最强思政课"。一批课程思政线上线下教学设计案例脱颖而出。不少课程曾被媒体多次报道,成为"网红课"。学校组织"融四史周周见:课程思政领航者云",迄今已有23个院系互动了22期,形成新品牌。院系党委书记、院长主讲学院课程思政面上总况,骨干教师与领航课、示范课程负责人"云端"分享院系课程思政建设经验,院系间相互切磋沟通,协同提高课程思政育人质量。

四是深化课程思政全课堂。无论是课内还是课外、无论是线上教学还是线下课堂,教师们深入挖掘提炼课程知识体系中所蕴含的思想价值和精神内涵,科学拓展各类课程的广度、深度和温度,展现了有温度有智慧的课程育人成效。2022年,作为红色学府的上海大学将继续深入贯彻落实习近平总书记关于思政课建设的重要指示精神,突出重心,守正创新,推动高校思政课和课程思政高质量发展。坚持问题导向、目标导向和效果导向,发挥示范引领、加强师资建设、深化理论研究,开好"大思政课"。学校将进一步提升马院建设水平,建强中国共产党早期领导人研究中心,进一步凝聚思政课与课程思政的建设合力,用适合学生特点和需求的方法,结合学生关注的现实问题,用活用好校史红色资源,丰富育人的实践平台,弘扬党的优良传统,聚焦党史中的校史寻根溯源,进一步弘扬"一院一大课"育人品牌,标杆带动全校各院系各门课。大力加强教师的师德师风建设,深化教育教学改革,强化学科支撑,注重挖掘所有课程的育人资源,有效提升专业课教学质量,深入推进跨地区、跨校际、跨学段融合,构建大中小幼贯通、高校党史类课程联盟横穿、课内理论与课外实践对接的课程思政名师优课共建共享机制,更好地擦亮上海大学课程育人品牌,推出更多高质量的育人成果。

这里,我们选择部分优秀教学设计汇编成书。无论是线上教学还是线下课堂教学设计,都体现出老师们对课程思政理念认识和课程思政实践的探索,展示了一线老师有温度有智慧的课程思政育人成果,也从不同的方位和视角呈现了领航校及各院系课程思政建设的推进状况。我们还将继续征集并汇编老师们的课程思政教学设计,期待老师们一如既往,积极参与课程思政教育教学改革,精心设计教学内容,讲好每一堂课。

目录

"云上思政"公开课教学设计（选编）

创业人生	刘寅斌	5
互联网＋	蓝 箭	10
金属塑性成型原理	王武荣	13
国际贸易实验	贾利军	17
中国手语文化	倪 兰	21
生命智能	肖俊杰	26
可持续发展战略	朱 婷	30
项目管理案例与实务	马 亮	34
大众考古	郑晓蕖	39
鲁迅与当代中国	孙晓忠	43
环境与资源保护法 A	颜士鹏	47

示范课程、领航课程等教学设计（选编）

专业类课程思政示范课程

国际金融	尹应凯	55
费孝通学术思想	汪 丹	58
法律职业伦理	文学国	61
水污染控制工程	陆永生	64
跨文化管理	聂 晶	67

环境与资源保护法……颜士鹏 70
走进百姓生活——黄河流域写生实践……桑茂林 73
生化仪器分析实验……陈 旭 76
音乐文献阅读……袁 勤 79
晶体制备技术……赵 岳 81
中国民俗……常 峻 84
法律语言学……王 骞 86
机械设计基础A(1)……翟宇毅 89
理论力学……楚海建 91
电路与电子线路基础(2)……严佩敏 等 94

综合素养课程

微积分……杨建生 等 97
科技与伦理……周丽昀 100
光影中国……程 波 等 103
中国"芯"路……张建华 等 106

新开发专业素养课程

中国纪录片导演……赵为学 孙 澄 109

课程思政试点课程教学设计(选编)

管理思维与方法……许学国 等 115
爱情心理密码……陆瑜芳 118
经国济民……聂永有 等 121
生活中的经济学……王学斌 等 124
生命的奥秘……黄 海 127
苏轼与中国文人画……胡建君 130
智慧地球与创新思维……蓝 箭 133
中国饮食文化……高海燕 136
中国音乐史……单 林 138
大学英语A(1—3)……白岸杨 140
财务成本管理……甘丽凝 143

字体设计……………………………………………… 吴 莹 146
课程名：世界设计史（原课程名：中国工艺美术史 A）………… 刘向娟 149
面向对象程序设计…………………………………… 李 青 151
中国概况……………………………………………… 杨 静 153
社会工作实务………………………………………… 范明林 155

"云上思政"公开课教学设计(选编)

2020年，突如其来的新冠肺炎疫情打乱了生活样态，也打乱了原有的教育教学节奏。

疫情也是一次大考，检验着思政教育的韧性。上海大学把全民战"疫"的鲜活素材带进"课堂"，积极构建起"云上思政"大格局，实现思政教育不下线、育人成长心连心。

围绕立德树人根本任务，上海大学深化和活化云端思政课和课程思政建设，积极启动"云上思政"。整个2月，上海大学数千名任课教师日夜奋战，开展在线课程平台资源建设，不少课程以抗"疫"实践中彰显出的奉献精神、奋斗精神、科学精神、法治精神等为依托，有机融入习近平新时代中国特色社会主义思想，厚植学生爱国情怀，激发青年使命担当。

2020年2月20日，学校积极组织课程思政教师"云培训"，在线收看本校著名教授、土木工程系老师叶志明主讲的直播课"课程·教书育人·课程思政"，提升任课教师的育德意识和线上教学育德能力。

学校推出一系列"云端"课程思政建设举措，如率先组织教师"云上思政公开课""云培训""云沙龙""云推进会"等，发动领航学院、领航团队及领航课程负责人将抗疫故事有机融入课程教学。

战"疫"，"云上思政"公开课第一课和第二课分别于3月7日和16日开讲。7日，"创业人生"课程的当堂主题为"中小企业的疫情创变样本：求生，求变和创新"。16日，"经国济民"课程的当堂主题则为"经国济民，战'疫'脱贫"。23日晚，zoom平台，"正青春创未来 我们的'创业人生'"是管理学院"创业人生"冬季学期的最后一次云端分享课。24日晚，社会学院核心通识通识课"创新中国"则在最后一次课程中安排了"云答辩：创新项目作业展示与点评"，20个小组，各5分钟展示汇报。"00后"学生自选课题，分别聚焦"疫情时代下电子商务""大学生公共卫生安全意识""大数据""人工智能""网课""网红""娱乐""艺术资源""文创""丁克""嵌入式养老""共享快递盒""控制饮食平台""游戏公司调研""分流机制"等，分享研究思路、过程与成果。"云答辩"一口气持续了3个小时……

学校连续举办多期战"疫""云上思政"课程思政系列公开课，受到课程班学生欢迎,吸引了学生亲友在内的校内外数千网友收看。校党委副书记欧阳华,校党委常委、副校长聂清,党委常委、教师工作部、统战部部长曹为民,领航学院党政领导和各部处领导等纷纷参与线上公开课。不少课程,采取邀请嘉宾一并参与云端串讲的"项链模式"教学,得到学生欢迎。"云上思政"课程育人,得到《解放日报》《文汇报》《新民晚报》《上海科技报》等关注,光明日报客户端、中新社、上海第一教育、中国社会科学网等纷纷报道,"学习强国"平台多次转载与推广。

3月初开始,学校各院系的专业课教室和公共基础课教师接连推出一批抗"疫"故事进课堂的课程思政线上公开课,得到学生点赞。

4月,学校举办第40期教师教学沙龙暨"云上思政"课程育人教学交流活动。120位教师云集zoom视频会议平台,进行了长达3个半小时的线上交流。老师们积极热议如何将思政有机融入课程,如何在线上将抗疫故事融入课程。全国优秀教师、上海中医药大学张黎声教授应邀担任点评嘉宾。

领航学院经济学院尹应凯老师在"国际金融"课程中结合疫情期间人民币汇率变动,引导学生理性看待,要对人民币有信心,要抬头看世界,要有全球化的视野。他勉励学生发奋图强,"百年事业三更起,万里江山一局棋"。

领航学院材料学院李莉娟老师结合领航课程"金属凝固"讲述上海大学先进凝固技术中心团队依托"上海市重点创新团队",让学科融入课程,"材料"服务抗疫。她举了两个很典型的例子,一是董瀚院长团队研发的含银抗菌喷雾可以抵抗病菌、纳米含银抗菌刀对病毒有杀灭效果,二是白瑞成老师研发的抗菌纺织材料可适用于防护服,用身边案例提升学生专业自信,增添学生爱国荣校情怀。

领航学院机电工程与自动化学院蓝箭老师在"互联网+"课程中,引导学生以积极心态面对突如其来的疫情,充分利用专业知识,把"论文写在祖国的大地上"。蓝老师惊喜地发现学生能够创新思维,用数据分析疫情,用专业参与抗疫,将所学知识应用于社会、服务于国家。蓝老师动情地表示:"特别感动,特别自豪,为同学们点赞!"

"疫情之下,我们模拟了一个网上医院的整个过程。人类作为唯一已知的智能生命,漫长的进化里看似十分孤独,人工智能会成为我们孤独进化的工具与解体,还是陪伴我们共同向前的伙伴?"生命学院副院长、医学院副院长、国家优青肖俊杰老师介绍领航课程"生命智能"在线育人情况。这是一门整合人工智能、医疗技术、生命哲学的通识课,团队突破生物医学、生命技术等专业知识,融入社会、伦理和法律等人文内容,讲述人工智能如何参与抗疫,激发学生立志创新,承担起国家强盛、民族崛起的未来使命。

"大学物理"是领航学院理学院的一门量大面广的公共基础课,也是一门市级领航课程。冬季学期,27个班级3 000多名学生修读本课程。这门"硬核"公共基础课的课程组负责人是白丽华。白老师和课程团队以学生为中心开展课程思政。团队引用牛顿的抗疫故事鼓励学生疫情期间安心学习,发掘中国古代到现今科学家的故事激发学生家国情怀,联系实际生活中的物理现象培养学生探索精神。"疫"时,网课成了必须。团队摸清学生需求,提供在线教材,加开习题课,"私聊"点对点关注学生学习,赢得学生好评。

上海市教学能手、曾获上一届市青教赛一等奖的理学院青年教师杨静桦的"微积分"课程,引导学生关心国家大事,把抗疫素材融入课堂。杨老师的"微积分"不仅仅介绍数学知识,解析数学题目,还引导学生活用课程知识点,看清新冠疫情中的政府决策,用数学工具去分析战疫情况,让学生体会到学习微积分的小用乃至大用,重新定位数学课作为基础课程的价值。

这里我们按"云上思政"公开课的开课时间,推出部分教学设计。

创业人生

大国方略系列课程、上海市一流课程

任 课 教 师　刘寅斌(上海大学管理学院)

嘉 宾 教 师　聂永有(上海大学经济学院)　许春明(上海大学法学院)

　　　　　　　顾晓英(上海大学马克思主义学院)

公开课主题　聚焦疫情下中小企业主的"创业人生"

公开课时间　2020年3月7日,3课时

预设目标及意义

2020年的春天,突如其来的新冠疫情给国家和社会都带来巨大影响。中国经济最活跃的一份子——中小企业,面临前所未有的巨大挑战:现金流储备不足、延迟复工、经济生活停滞、线下消费几乎完全"冰冻"。课程负责人刘寅斌高

密度地访谈了遍布全国各地、众多行业的60多位企业家,发现在这样的特殊时刻,蕴藏在中小企业家中的商业智慧和创造力被彻底激发出来。企业家们敏锐地捕捉到新的市场需求,高效地应用现代化通信工具,灵活地整合各种社会资源,充分挖掘自身的潜力,快速地进行商业创新和商业迭代。"疫情是挑战,也是机会,更是一次大洗牌。我们现在的应对,足以保证我们度过疫情。同时,我也为疫情恢复后的重启做好了充分的准备。"本次公开课,聚焦一个普通人的坦然面对(上海一家知名的兰州牛肉面店老板)、一家创业公司的成竹在胸(洪记两轮、摩拜单车联合创始人徐洪军)、一个新行业——火锅外卖的热血澎湃(从街边夫妻店老板到重庆最知名的火锅店创始人、网红火锅店、位于厦门的火锅店投资人,再到全国有数百家门店的品牌火锅董事长)、一个传统行业的变化(郭氏中医馆创始人郭云旗)、一个小店的脱困(一对售卖非洲鼓的夫妇)……向学生传递:一是疫情可以改变很多东西,但是疫情无法摧毁个人的专业技能,疫情无法磨灭企业的核心竞争力,疫情更无法抑制一个国家和民族渴求发展的强烈愿望;二是面对危机,逆流而上,拥抱变化,向死而生;三是专注才能聚焦,聚焦才能专业,专业才能生存。

课程描述

团队充分运用网络优质资源慕课——超星尔雅平台同名课程"创业人生",搭建了有利于师生互动的在线课程平台。该课程已经得到包括同济大学在内的全国数百所高校近10万名学生选修,深受好评。本次"云上思政"公开课,旨在充分用好疫情防控中的鲜活大课资料——60人访谈资料,课前教学设计分别从学生端、教师端和企业嘉宾端三个方面进行整体规划。

学生端:通过"学习通"课程公告和学生微信群,要求学生在课前预习自学,一为2020年2月23日下午上海大学MBA中心云课堂公益直播的第一期"企业是社会的器官——疫情下的求存、求变与创新"(当天直播通过新浪微博、B站、小鹅通、腾讯直播等多个平台同步进行,收看人数超过17.8万人次),二为刘寅斌发表在"秦朔朋友圈"的文章《中小企业疫情创变样本:我们如何在自救中实现重生?》,学生准备好书面稿或者PPT发言稿。

教师端:本次课程,共有四位教师参加。其中,企业创新和商业研究领域专家刘寅斌副教授和思政名师顾晓英教授为主持和主讲教师,经济学专家聂永有教授和知识产权专家许春明教授为嘉宾,四位教师各有专长。课前,团队通过多次网络视频会议,进行集体备课。

企业嘉宾:

嘉宾一,乌里,90后,海马体照相馆创始人,分享海马体的摄影师如何为疫情一线医护人员拍摄照片以及海马体公司如何在疫情期间不降薪不裁员的故事。

嘉宾二,80岁的重庆市郭氏中医馆医生郭昭明。

嘉宾三,郭氏中医馆创始人郭云旗。郭家是中医世家,疫情期间,郭老免费推出抗疫强身方。郭老医生分享中医在抗疫的作用,中医是中华传统文化瑰宝。郭老医生告诉大学生朋友们,热爱自己的民族瑰宝,热爱我们的传统文化,保护中医,弘扬中华文化,你我有责。

嘉宾四,1995年出生的小龙坎火锅厦门店投资人滕滕艺凡,她的企业管理和商业运营的天赋超过许多同龄人,长期在企业竞争一线实战。

课中:2021年3月7日晚上的线上直播课是曾获国家级教学成果奖的"大国方略"系列课程之三"创业人生"第九季的第七课。这次线上公开课采取上海大学首创的曾获国家级教学成果奖的"项链模式"教学法。上海大学管理学院刘寅斌副教授担任主讲兼主持。如何危中转机?如何向死而生?如何在疫时挺身而出付出爱心?行业创业嘉宾从容而自信地讲述了他们的疫时商业经历和经营故事,学生感受到嘉宾们的热爱、责任、期待、压力。最让学生感动的是企业嘉宾们的淡定和坚韧以及他们对国家发展大方向的判断力。顾晓英、聂永有和许春明三位教授全程参与课程研讨与互动,他们从各自学科出发,适时插话,或补充,或提问,或给出意见和建议。

同学互动交流:100名课程班学生,20多位旁听生在线,包括远在爱沙尼亚留学的上海大学校友也参与连线互动。学生从中小企业家的抗疫故事中品读人生,从企业家的毅力与定力中寻找信心,从教授们的真诚对话中感受中国精神和中国力量。春天来了,阴霾终将散去。老师们鼓励线上的还在全国各地的同学们安心宅家,放开视野,专注锤炼属于自己的核心竞争力。课程吸引校内外很多人,有家长,有媒体记者,有学校行政部处教师,还有管理学院和理学院的研究生,一同参与当晚直播课。

教师总结课程:一是疫情结束后的商业体系已经发生了根本性变化。疫情之后,很多商业机构进入了一个完全不同的新阶段。请大家一定要注意这个

"新"字！二是一场疫情不会消灭一个人的核心能力，也不会磨灭一家公司的核心竞争力，更无法消磨一个国家渴望发展、渴望强大的不可阻挡的内驱力。三是这种巨大的内驱力，与我们的国力、人口优势结合到一起，将产生巨大的创新力。创新是我们这个国家和民族发展的真正灵魂。四是面对疫情之后的新环境，我们每个人都要重新思考自己的定位，思考自己的价值。怎么样才能更专业，怎么样才能更聚焦，怎么样才能更专注。要做一个对国家、对民族有用的人，让自己的专业技能和国家民族的需要联系在一起。五是积极拥抱变化，用创新的心去拥抱变化，我们必胜！中国必胜！

课后安排：要求学生认真学习习近平总书记 2020 年 2 月 23 日的重要讲话，查找中小企业创新创业相关文献，通过连线方式，采访亲友中各行各业从业者，挖掘疫情中小企业的心路历程和疫情后的计划，完成一份采访报告，在规定时间内提交到学习通平台。

学生反馈

2019 级杨同学：有时，不确定比确定更加"美丽"，因为确定已让你看穿一路，而不确定能给予一次次惊喜、一次次不一样、一次次 wow，人生也会在一次次 wow 之中变得有趣和快乐。这种一次次的不确定，若是意外的成功，便是创新机会的源头之一。投入自己的精力到自己想要发展的核心竞争力上，有计划性地放弃，敏锐地抓住身边的机会，即使危难重重，但是危与机并存。在这次疫情当中腾飞发展的网上远程会议软件、网上教育课程等，还有因为疫情而改变的对于某个行业的看法，在这翻天覆地的变化中，也产生了许许多多的机会，等待着有心人去捕捉。请大家不断努力，积蓄能量。

2018 级宋同学：很幸运选到"创业人生"这门课程，它带给我不同的视角去看世界，今天晚上的直播课也让我很兴奋。疫情期间人人在家免不了有所焦虑，但是经过今天的直播以及之前的在线学习以后，我总结出两点感悟：一是要走出舒适区，疫情逼迫各中小企业走出了原来安稳舒适的营利模式，作为个体，我们也要反思，在这种特殊时期，我们是安于现状，还是走出在家"吃了睡睡了吃"的舒适区，趁机多学习软件技能和专业知识。二是推迟满足感，今天到场的嘉宾们老师们能够取得现在的成就，一定不是顺其自然走出来的，在面对危机和挑战的时候，我们应该学着放下满足感，推迟满足感，去脚踏实地做点事情。

2019级章同学：这是我们经历的疫情下的中国社会，却也是我们一直热爱并且愿意为之奋斗的热土。疫情给了每个人挑战，但也打开了一些风口。挑战与机遇并存，我从刘老师还有各位老师的身上都学到了在风险面前如何积极应对、化险为夷。不论是学术界、商界，还是刘老师举出的小案例中，我都有所震撼、有所领悟。疫情不会消灭一个企业的核心竞争力，也不会磨灭国家积极向上的内生力，在不确定性中用确定性应对，要记住与众不同的新机会也是应变化而得来的。我的母亲也在看上课直播，她对各位老师发出由衷的夸奖。与其我们每日惴惴不安，争做键盘侠，不如脚踏实地，提高核心竞争力。这才是对自己和对社会负责。

2019级印度尼西亚留学生林同学：我的中文水平不怎么好，不得不多听几次课前视频。但我还是了解了演讲中的核心，我觉得所有的话题（外卖、火锅等）给了我很深的印象，给我很多启示：一是决定目标，增加准备，决定怎么应付客户需要；二是企业必须能够顺应潮流，渴望变革，有革新能力才能使我们的业务继续增长。

教学反思

本次课程团队集体备课，内容与时势紧密适切，结合课前线上对疫情下60多家中国中小企业和创业公司负责人的访谈，引入思政要素，讲好抗疫故事，弘扬正能量；采取线上"项链模式"教学，不同专业、不同领域的多位教授同台，多学科、多角度展开讨论与互动；多位有代表性的企业嘉宾从全国各地联网进入系统，分享企业在疫情期间的求变和创新并与学生、教授进行互动；真正实现以学生为主体，学生参与度高，课前有自学任务，课中有师师互动、师生互动和生生互动，课后有线上分享，收到了预期实效。课程整体安排流程顺畅，气氛活跃，虽然在线，温度和智慧依旧，得到学生喜爱。本次公开课也是上海大学"云上思政"公开课的第一堂成功示范课。本次课程得到"中国新闻社"报道。

互联网＋

上海高校课程思政精品改革领航课程、上海大学课程思政示范课程(专业课)
任 课 教 师　蓝箭(上海大学机电工程与自动化学院)
公开课主题　从信号采集到系统构架
公开课时间　2020年3月17日

我们能为国家贡献自己的力量

（17120051王逸杰）新冠疫情的肆虐，使得我们2020冬季学期的课程至今仍然无法返回学校上课。在蓝老师的"互联网＋"课中，蓝老师鼓励我们利用自己擅长的工科的方式，对本次新冠疫情作出贡献。由于这学期的特殊性，我们在蓝老师的指导下用数据库做了疫情分析报告，正如蓝老师所说，这是非常好的一个机遇，思考我们作为工科生到底能做什么。结合了MATLAB等技术对疫情进行分析，并给出了自己的疫情判断，项目很好地融合了大数据、物联网等技术。可以说，我在这门课当中，真正开始思考我能做什么，获益匪浅。

（17122257段玉安）通过本学期"互联网＋"的学习。第一次将所学知识应用于社会中，将学校所学理论知识与社会相结合。钱校长说国家的需要就是其专业，自己不求有钱老那样的伟大抱负。但希望能将所学知识尽数用于社会，迈出校园成为社会的一分子，在国家的发展中贡献自己的力量。

（17120089应翔宇）"互联网＋"这门课给我留下的印象十分深刻。老师的教学并不刻板，多是让我们自己思考。一开始觉得这课程很累，磕磕绊绊，耗费了太多时间。但是结束后回顾自己过程中的思考和完成的项目，这才发现学习到了很多，获得了很多经验，特别关于思维模式的进步、关于对未来的路的思考等，这些获得都是无价的。本项目的设想和进行也是在老师的指导下产生的灵感，把论文写在祖国的大地上，在疫情期间出自己的一份力，是当代年轻人和大学生最应该做的。

预设目标及意义

教学思路：用具体实际案例讲深、讲实、讲新、讲活内容，做到与时俱进。

教学目标：着重解决专业知识点与国家社会发展间的联系。要求学生用专业知识，把论文写在祖国大地上；增强学生的爱国情、责任感、报国心与诚信度；培养学生对专业和课程的兴趣；引导学生从专业角度看中国、看世界、看未来。

教学方法：课程无预设目标和标准答案，以沉浸式互动教学，着重激发学生的能动性和想象力。

课程描述

疫情影响下,大多数学生的项目设计变得难以实施与完成。我在线下教学时提出,疫情对我们每一个人都是一种经历、考验和机会,希望同学们要充分利用自动化专业的知识和情怀,为国家尽自己一份力量,希望把你们论文写在祖国大地上。出乎意料,近50%的学生主动修改自己的毕业论文开题方向,积极参加与抗疫有关的课题。他们从不同的切入点(如建立疫情数学模型、Python 网络爬取数据、疫情动态地图等)和方式,完成自己在疫情特殊情况下的课程论文。虽然学生们第一次面对社会需求,没有经验,但付出了大量的精力参与这场特殊战役。看到他们的努力,我感到特别感动和骄傲。他们这一代大学生明白自己身上的责任,在祖国需要的时候,能为祖国尽一份力量,把自己的专业知识写在祖国大地上。课程从不同角度、不同侧面展示了学生愿意为国出力的追求。

学生反馈

17122257 段玉安同学:通过本学期的学习,第一次将所学知识应用于社会中，将学校所学理论知识与社会相结合的体验。钱校长说国家的需要就是其专业。我希望能将所学知识尽数用于社会，迈出校园成为社会的一分子，在国家的发展中贡献自己的力量。

教学反思

学生们面对疫情和社会的需求，付出了大量的精力。看到他们的努力和成长，我特别感动和骄傲。这一代大学生明白自己身上的责任，在祖国需要的时候，能为祖国尽一份力量，把自己的专业知识写在祖国的大地上。特别感恩学校其他各门课的老师，正因为他们每个人的努力，才有此课程成果。2020年后的中国，要担当起大国角色，需要有一批人共同担负起共和国的责任。

金属塑性成型原理

上海高校课程思政精品改革领航课程
任 课 教 师 王武荣(上海大学材料科学与工程学院)
公开课主题 金属塑性成型原理
公开课时间 2020年4月20日,2课时
结 合 章 节 汽车车身零件金属塑性加工成形工艺

预设目标及意义

本课程是一门讲述金属材料加工原理的学科基础课。本次课程要求学生分组,从一个选定的汽车车身零件出发,通过成本分析、材料认证、虚拟制造、样件试制和质量认证等环节,在实际工程环境中理解本课程所讲授原理的应用,掌握汽车车身零件的全流程塑性加工工艺和方法。本次公开课要求各课程设计小组

以中国汽车制造工业的发展历程及疫情当前面临的挑战为主题,搜集资料进行PPT陈述、展示和辩论,有助于学生理解中国制造业的现状,引导学生理解2015年国务院颁发的《中国制造2025》战略文件的背景和必要性。

课程展现学生团队协作能力和思辨能力。评分表由组长基于完成此次课程思政项目中的组员团队协作素质评价观测后给出。

定性评价	团队合作能力的评价			
	不满意 (<60)	有待改进 (60—69)	满意 (70—84)	很好 (85—100)
能与其他成员合作开展工作	拒绝合作	开展合作,但很少	能经常开展合作	能主动积极的开展合作
能胜任团队成员的角色与责任	不能执行团队分派的角色任务	执行的角色与分派的角色不一致	能执行角色任务	能承担角色的所有任务并主动帮助他人
能独立完成团队分配的工作	总是依赖别人开展工作	需要提醒才能开展工作	稍加提醒即能独立开展工作	独立工作,无须提醒
能倾听其他团队成员的意见	个人滔滔不绝不容别人讲话	大多个人在讲,很少允许别人发言	多数时间在倾听	坚持倾听并进行正面回应

课程描述

学生小组展示"中国汽车制造工业的发展历程及当前面临的挑战"主题报告和思考。各小组主要从中国汽车生产的发展历程、现今中国汽车工业的生产水平及挑战、国外汽车的生产水平和新型汽车的优化途径等方面展开研讨。

首先,了解中国汽车生产的发展历程,中国汽车行业在发展过程中遇到什么困难,如何克服?从1950年开始至今,中国汽车制造业蓬勃发展。1956年,新中国第一辆"解放牌"汽车正式出厂,终结了中国无法制造汽车的时代。2009年,中国汽车全年销量首次超过美国,跃居世界第一。这些成就表明中国汽车工业起飞时代来临了。

现今,中国的汽车生产水平表现为产能过剩,主要集中在规模较小、销量较低的企业中。根据公开资料统计,截至2019年12月31日,中国现有汽车总产能约为3 990万辆。此外,正在建设的906万辆产能将在未来1—2年中陆续投产，以及尚未获得生产资质的 15 家企业共计 384 万辆规划产能。但 25 家产能利用率处于正常区间的企业，合计销量占汽车总销量的 78%。可见，剩余 67 家车企在瓜分剩余的 22% 销量，产能却占总产能的 25.8%。此外，36 家企业的产能占总产能的 5.71%，但还没有销售产品。由于国内的汽车工业开始较晚，使得国产汽车在技术、性能、工艺上都落后于西方发达国家。但中国工业基础设施比较完善，形成了一流的汽车制造体系。近年来，中国出口汽车的数量越来越多，受到世界各地欢迎。而中国与国外汽车差距依旧存在，面临的挑战便是如何在高速生产汽车数量的同时提高汽车的性能与质量。这个挑战需要新时代的中国青年去解决。目前，国外汽车领跑者主要有美国的通用汽车公司以及日本的丰田汽车公司。通用汽车公司前身为别克汽车公司，自 1931 年成为全球汽车业领导者，直到 2008 年才被丰田汽车公司超越。

总体而言，中国汽车业由于起步较晚，在诸多方面有亟待解决的问题。教师引导学生从汽车生产、销售等方向，对汽车生产优化提出了解决对策：以客户节拍为基础，实现拉动式生产，有效减少汽车产能过剩；通过合理平面布置，缩短物流路径；通过提高过程质量，降低返修率，提高国产车的口碑；通过提高设备开动率和人员劳动生产率，优化工艺时间，提高生产效率；减少中间库存，做到较为精确的供需平衡；通过合理安排各车型生产顺序，达到平稳生产，并满足汽车的多样化，为客户提供更加多样的选择。

课程引导学生从汽车产业近年发展角度展开思考。近些年，中国的汽车生产量有了极大的提高，而国外在这些年变化却并不算太大，尽管世界汽车产量呈上升趋势。可以说，中国在世界汽车产量的上升中扮演了极其重要的角色。但正如上文提到，中国已经出现了产能过剩的问题，国内汽车持有量越来越多，从而还造成了一部分交通拥堵、排放污染物增多、噪声等问题。我们的汽车产量虽多，但能进入国际品牌的却不多，出口的汽车也多为出口到发展中国家的较廉价的低档次车型，真正得到国际广泛认可的不多；另外一方面，我们的产量中很多都是合资企业，并不是我们自主掌握了多先进的技术。发达国家如英国、法国、德国、日本和美国的汽车巨头企业掌握着更加先进的技术，我国变速箱的研发技术还很薄弱，国内大多数自主车企都没有独立研发自动变速箱的能力，长安、长城、吉利年销量都相继突破百万台，在市场上取得了巨大的成功，然而国内大多数车企的变速箱都不能自制。我们确实变强了，但中国离汽车强国还有很远的路要走。在很多中国企业家眼里，技术基本上等于先进的设备，所以中国工厂的设备配置一个比一个先进，但花钱培训技术员却舍不得，培训全员的公司则更是少之又少。对于汽车制造，我们缺的不仅仅是技术和人才，我们还缺大量的经验积累，没有积累，就没有独门秘方，就没有优势，没有优势就是没有话语权，这也是为什么中国要提出《中国制造 2025》的原因。我们必须去掉浮躁和跟风的态度，积累自己的技术和经验，努力成为真正的汽车强国。

学生反馈

学生一：终于在周三完成了展示和答疑，至此任务算是圆满完成了。在大家合力做项目时，感受到了大家蓬勃的朝气和满怀的热情。这次展示选题，我们结合了时事，但是部分细节做得还是不够好，PPT 不够精炼，字数太多；资料多人收集，有重复部分，筛选慢，耽误时间。大家分工明确，力量很好地集中了起来。

学生二：5G 时代的到来为汽车与网络融合提供了基础。汽车的发展不仅仅是基体材料等方面的变化，如何与新的工具例如网络等融合，也是需要我们思考的。汽车如今依旧是人们最重要的交通工具之一，而中国汽车产业的开发依旧有很长的路要走。

教学反思

本次课程锻炼了学生的团队协作组织能力，考查了学生利用文献进行资料收集和观点总结的能力，重点观测了学生 PPT 展示和陈述能力，学生能够针对 PPT 展示提出对应问题然后由陈述小组进行应对作答，锻炼了学生的辩证思维，更重要的是课程主题紧扣国家战略，让学生更主动地了解国家政策出台的背景，明确身上担负的责任。由于是线上公开课，隔屏交流还不够充分和热烈。

国际贸易实验

任 课 教 师　贾利军(上海大学悉尼工商学院)
公开课主题　在贸易实践中培养家国情怀
公开课时间　2010 年 4 月 21 日,1 课时
结 合 章 节　第四章 货款的结算

预设目标及意义

  本课程重在利用网络资源进行贸易实务流程操作,让学生在实践中更加深

刻地了解国际贸易实务的相关知识,掌握国际贸易的基本流程和合同的各项交易条件,并能比较熟练地进行合同条款的谈判,使用价格术语和结算方式签订外贸合同,能够防范并妥善处理索赔、理赔工作,也能够使学生更加全面深入地理解国际贸易的基本理论,将理论与实践相结合,为未来的实际业务的开展打下坚实的基础。本次课程旨在让学生在国际贸易模拟实践中,能够结合新冠疫情,思考国际贸易出口面临的风险及其应对,思考在国际贸易实践过程中家和国的关系,思考中国如何利用比较优势,培育竞争优势,提升全球价值链地位,通过案例引入,引导学生思考未来如何做一个有社会责任心、心怀国家的社会人。

课程描述

第一步,通过案例引出思考题。首先,教师通过结算票据种类及含义的讲解,引入一个有关汇票诈骗的案例,提出思考题"在国际贸易中,如何才能尽量规避风险,减少个人损失,并提升国家形象?""新冠疫情前后我国出口面临哪些风险以及如何防范?你作为一个贸易公司经理人,如何考虑公司的国际业务与国家形象的树立?"邀请学生发表观点。老师作出总结:一是从报价阶段、付款方式选择以及收款方面同学们要做得更加专业,从而提升中国进出口贸易公司在国际贸易中的形象;二是学生要考虑到疫情期间应全面排查订单,并且注意履约风险,了解物资运输,关注物流风险,梳理客户关系,关注供应链风险,敦促买方履约,关注收汇风险。

第二步,结合专业知识引出思考题。教师介绍本票和支票并与汇票进行对比,提出问题"在国际贸易实践中,我国与某个国家相比,具有比较优势的产品是什么?未来如何能够发挥比较优势,培育竞争优势?""疫情期间,一些公司为了自身利益,不顾国家形象,违规出口口罩、额温枪、呼吸机等防疫物资,在国际社会中对国家形象造成哪些不利的影响?"教师列举三个海关查获的违规出口防疫物资的案例,学生展开充分研讨。

第三步,通过案例让学生发表看法。教师引入柯国宏怀揣家国情怀,秉持远大志向,总是不忘用他流利的多国语言,向各国友人诠释中国悠久的历史和文化,宣传家乡的经济发展和投资环境,并创立多个中国品牌的故事。教师强调,中国企业必须要有家国情怀和担当,主动承担社会责任,让世界经济更能够可持续发展。作为从业者的我们更应心系祖国,传播中华文化,培养国际视野,掌握跨文化交流、管理等技能。

最后，教师总结汇付、托收和信用证三种主要结算方式的特点，加深学生理解。

学生反馈

17124397：这堂课让我在贸易实验中感受到家国情怀。通过老师对国贸实验知识点的详细讲解，我可以更有逻辑地加强对相关知识点概念和应用的理解。令我深受触动的是这节课讨论的几个案例。打铁还需自身硬，中国的产业不能一味以产品物美价廉示人，更应向原创性创新转型，推动高附加值的自主高端品牌走向世界。我们每一个个体，在做国际贸易时都应对外坚守商业道德，维护国家形象和利益，对内"苦练内功"，助力中国产业链的转型、创新，这不仅是朴素的家国情怀，更是责任和担当。

17124216：老师引导我们结合 Pocib 系统思考了本国相对于其他国家具有怎样的比较优势和如何扩大这种优势。同时结合当下的疫情，深入讨论了疫情下对我国进出口的影响以及违规出口对国家形象和企业形象造成的损失。采取实践和理论相结合的上课模式，提高我们实践能力的同时也给我们留出了更大的思考空间。

18124209：我对于这个特殊时期中国国际贸易受到的影响有了一个较为深刻的认识。我们要有制度自信，坚信中国会对新形势下产生的贸易挑战作出强有力的应对。站在一个国际贸易参与者的角度，我们要积极应和国家政策，同时充实自身业务能力，提高业务道德，以应对国际贸易中可能碰到的各种风险。

17124286：这是一门具有创新性的课程，它不仅给了我们机会去体验跨国企业的实际运作流程，而且拓展了我们在国贸实务领域的知识面。本次课程还结合当下疫情的状况，引导同学们对企业和国家关系展开讨论，大家各抒己见，但都不约而同地感慨：家是国的基础，国是家的延伸，只有国家富强安定，企业才能够安心从事国际贸易活动，生活在中国的我们是幸福的。实践才是检验理论的最好办法。无论未来从事什么行业，我们都要时刻牢记国家在背后默默的支持。我们要努力回报社会，不忘初心！

教学反思

为了设计本次课程，从思政元素的提炼到如何与课程融合，再到寻找合适案例,设计合适的思考题等,我都做了认真充分的准备。看到学生反馈,我觉得这一切付出是值得的。

首先,备课前,应充分思考授课方式,使学生对所学内容感兴趣,在每节课的备课过程中,精心设计导入新课这一环节,吸引学生注意力,并利用网络资源提高课堂教学效果。教师和学生间是互相学习的关系,授课结束后,及时进行教学反思,及时整理记录,实现教学相长。其次,注重教学内容的充实和完善。在制作课件的时候,充分考虑教学内容和教学目标,尽可能做到内容全面、主次分明,让学生能够迅速把握课程的要点。注重理论与实践相结合,通过举一些典型的时政案例,设计合适的思考题,让学生讨论,各抒己见,帮助学生整理分析,使学生掌握基础知识,提高解决问题的能力。最后,通过互动式教学手段提高课堂的组织能力。老师授课要少而精,讲透重点、难点并提出问题,引导学生讨论并回答,老师对学生的发言进行总结,培养学生的创造思维,充分调动学生学习的积极性。

中国手语文化

任 课 教 师　倪兰(上海大学文学院)
公开课主题　理想、信念与职业发展
公开课时间　2020年4月23日,1课时
结 合 章 节　第2章第1节 中国听障教育与中国手语的发展历程

预设目标及意义

　　通过讲授中国听障教育和中国通用手语的发展历程,使学生对中国特殊教育和中国手语的发展过程产生感性和理性的认识,对国家特殊教育政策和语言政策有所认识和了解,建立科技进步促进无障碍环境的意识,从而思考自己的职业选择、个人发展与社会进步之间的关系。课程旨在让学生领悟:一是个人的职业选择可以与社会进步、国家发展紧密结合;二是任何事业成就都需要艰辛努力、执着信念和奉献精神;三是科技进步的最终目标是为了这个世界更加人性

化，消除无数的障碍与壁垒。

本次课程：一是讲述开创中国听障人士教育先河的米尔斯夫人的故事；二是邀请北京和上海听障人士学校教师进入直播间与同学互动；三是播放听障人士关于科技改变生活方式的演讲视频。课程旨在激发青年学生的社会责任感和人文关怀，让理工科的学生也能够在未来的职业选择和事业发展中更多关注科技的人性化，将个人的发展和国家发展、社会进步紧密结合，将"小我"放入改善人类社会生活的"大我"之中。

课程描述

本次课程采用 zoom 视频软件直播，结合超星学习通平台、微信课程群互动。课前利用超星平台上传相关文献，发布任务点、教学 PPT 和音视频资料，发布讨论主题；通过微信群发布课程要求和课程相关的网络信息；课中利用 zoom 视频软件直播和学校智慧教室授课，与学生的互动，利用超星平台签到、抢答、选人、测试等进行线上活动；课后利用超星平台发布作业，回复讨论主题。

复习：通过抢答、选人等在线提问方式，对上周学习的汉语手指字母进行复习，通过学生们运用汉语手指字母拼打自己的姓名，灵活运用这一技能；通过总结作业和讨论区的问题，温习已学习的"听力障碍产生的原因""语言分类""语言的象似性和任意性"等知识点。

导入：呈现第一次课程中的问卷调查结果，得出以下结论：今天我们对于残疾人的态度已经随着社会的进步有了更多的包容和理解，我们能以一种正常的心态看待残疾和残疾人，会去主动思考如何消除障碍，让残疾人更好地融入社会。

引入话题：这样的态度在一百多年前的社会中是不可想象的，不论是世界还是在中国，到处充满了对残疾的厌恶、仇视，残疾人被歧视、怜悯、抛弃，被认为是家庭的不幸和社会的负担，更不用说让残疾人走进学校，接受教育，成为社会有用之才。改变这一切，不仅要依靠社会经济发展，更是教育的力量。今天我们就来追溯中国听障人士教育如何在中国大地生根发芽开花结果的历史。

内容讲解：中国听障人士教育的发展。通过 PPT 展现中国第一所听障人士学校"登州启喑学馆"的历史老照片，讲述 1887 年美国传教士米尔斯夫妇在中国烟台开办听障学校的故事。因为家中听障亲友的缘故，因为人生中的偶然因素,米尔斯夫妇开启了中国听障人士教育的航程。尤其是米尔斯夫人不畏艰难困苦,在失去亲人、经费短缺、环境恶劣的情况下,依然坚守在听障儿童身边,编写了中国第一本听障教育的教材,引进了"赖恩手势",开发了中国第一代手指字母,促成了中国第一所公办听障学校的诞生。米尔斯夫人书写了矢志不渝、坚忍不拔、超越国界、充满大爱的听障教育篇章。为了一句对罗切斯特听障学校校长的承诺,米尔斯夫人改变了自己的一生,也改变了中国听障教育从无到有的状况。邀请来自北京启喑实验学校的刘可研老师和上海启音学校的赵明华(听障人士)老师进入 zoom 直播间,介绍目前国内的听障学校教育情况,包括听障学校的教学工作、听障生的学习升学就业等,回答学生的提问。(赵明华老师是听障人士,需要教师帮助进行手语翻译)

内容讲解:中国通用手语规范化历程。提问:全世界的手语是否一样?中国手语是否统一?不同地区的听障人士之间是否可以无障碍地沟通?为什么要进行手语规范化?新中国成立以来,国家进行了一系列手语规范化工作,中国手语规范化工作大致可以分为五个阶段:一是 1959 年前各地手语自我发展阶段;二是 1959—1978 年《聋哑人通用手语草图》阶段;三是 1979—1985 年《聋哑人通用手语图》阶段;四是 1985—2010 年《中国手语》阶段;五是 2010 年至今《国家通用手语》阶段。每个阶段都体现出国家对维护残疾人语言文字权益的重视,不断加强手语规范化工作,并将其纳入《中华人民共和国残疾人保障法》和中国残疾人事业发展六个五年发展纲要。全国人民代表大会等重大会议的直播加配手语播报,中央广电总台和部分地方电视台在重要节目中加配手语播报服务。截至 2018 年,全国省、地市级电视台共开设电视手语栏目 295 个。

内容讲解:手语及手语语言学的社会应用。通过播放网易课程视频"听障人士:科技改变了我们的生活方式""听障学校语文课""AI 手语新闻""新闻发布会的手语翻译""手语艺术",引发学生思考:"我们可以为改变听障人群的生活做些什么?"

布置作业,阅读文献,学生参与课后讨论发言。

学生反馈

学生一:我觉得邀请专业老师来授课的形式非常棒,他们以专业知识给了我们更进一步了解听障人世界的第一视角。尤其让我触动的是赵老师通过手语的形式与我们交流,让我觉得那几分钟时间慢了下来。虽然我不会手语,但是我会耐心地听老师翻译,观察赵老师的手语动作,让我想起以前在饭店里看到过一个家庭都是用手语交流的,你能感受到那种甚于语言的交流欲望,一种真诚的表达形式。

学生二:听了听障学校老师的介绍,我才知道原来听障人士和我们一样接受德智体美劳全面教育。这也让我想起上上节课说的听障人士除了听,什么都能做到。赵老师是美术老师,这也让我吃了一惊,这更加显示出听障人士除了听不见什么都能做这一点,而且他们的其他知觉可能更加灵敏。

学生三:听障人士与听障教育对我来说似乎一直是个遥远的存在,今天的课程让我第一次有机会了解到了我国的听障教育。两位老师都是令人尊敬的可爱的人。我也了解到了听障朋友们的学习方式和现状。虽然现在我们能为听障朋友们做的还很少,但我相信这一点一滴的努力一定会在未来为他们带来更多的机遇和美好。

学生四:在这节课之前我对听障教育并没有太多了解,我了解更多的是中国的视障教育。在我的印象里,听障教育应该要比视障教育相对简单,因为听障儿童具有视觉这一个重要的信息获取媒介,通过这节课的学习我知道了听障教育同样也会面临很多困难,对于完全听不见声音的孩子,教会他们各种知识其实也是很难的,尤其是语文和英语这种非常依赖于听觉的科目。我很敬佩两位听障学校的老师,他们为中国的听障教育付出自己的努力,让更多听障儿童接受到更好的教育。刘老师对听障学校的介绍也让我了解了中国听障教育的体系,让听障儿童更有侧重点地介绍更适合他们的教育,学习不需要过分依赖听觉的,更适合他们的技能,让他们能够更好地适应社会。我们依然要呼吁社会对听障人士的就业给予更多的包容和支持。

教学反思

人文类通识教育的目的在于让学生通过对某个领域的了解,建立基本认知,培养高校本科生的人文情怀和社会责任感。特殊教育以及残疾人研究对于普通高校的本科生来说是个陌生的认知领域,但特殊教育是社会人文教育的重要一章,认识人类缺陷、正视残疾、努力创造无障碍的世界,是通识课程"中国手语文化"想要传达给学生的重要内容。本次课程帮助学生回顾听障教育和中国手语的发展历程,让学生懂得个人的职业选择对于国家发展、社会进步的意义。这堂课通过历史故事回溯、嘉宾互动、观看演讲视频,达到了理性认知和感性体会的课程目标,米尔斯夫人执着于听障教育的真实故事和两位听障学校教师的分享让学生体会到了特殊教育的艰难和对于改善残疾人生活的意义,而安装了电子耳蜗的听障人士演讲中"科技可以让世界变得更人性化(Technology can help make the world more human)"这些话语也触动了学生的心灵。

课程中还结合疫情中习近平总书记在多次讲话中提到"始终把人民群众生命安全和身体健康放在第一位",灾难面前,以人为本才是战胜困难、凝聚人心的力量。为什么钟南山和张文宏朴实而真诚的话语能打动人心?因为他们的话语中蕴含着同理心,饱含着以人为本的感同身受。科技应该闪烁人性的光辉,我们应该带着让世界更人性化的愿景去不断挑战新高度。

因为时间有限,教师没有充分让学生参与到讨论中,只是利用提问方式与嘉宾进行互动,在课后进行了在线的讨论发言。从课后学生反馈看到,课程内容与教学安排达到了课程预设目标,产生了较好的课程思政效果。未来我们将在课堂互动环节设计更多的讨论和问答环节,小组合作进行话题演讲和项目设计,让学生真正成为课堂的主人。

生 命 智 能

大国方略系列课程、上海高校课程思政精品改革领航课程

任 课 教 师　肖俊杰(上海大学生命学院、医学院)

公开课主题　致生命　以青春的名义

公开课时间　2020年4月28日,3课时

结 合 章 节　第四课 遥控手术,人可以让机器来修理么

预设目标及意义

本次公开课"致生命 以青春的名义"由课程负责人国家优青、上海市曙光学者、宝钢优秀教师奖获得者、上海大学生命科学学院副院长、上海大学医学院副院长、上海大学心血管研究所负责人肖俊杰教授联袂国家杰青、长江学者、上海大学副校长汪小帆教授,上海大学材料科学与工程学院党委书记、原任上海大学团委书记王江教授等特邀嘉宾一并担任主讲,上海高校思想政治理论课"顾晓英工作室"主持人顾晓英教授担任"串讲"嘉宾。通过分享来自抗疫一线的医生故事、来自高校科研岗位研究团队的研究经历以及来自信息与通讯领域的汪校长结合疫情流变,讲述信息化时代网络研究的飞速发展。通过来自不同领域教师的案例分享,旨在通过鲜活的生命教育,使学生发现生命智慧、珍惜生命、敬畏生命并逐渐养成对科技持有一丝警惕、对自然保有一份谦卑、对生命坚持一份尊重的价值观。恰逢五四青年节来临之际,本次课程特别邀请武汉同济医院抗疫最前沿的青年英雄、刚刚荣获"中国青年五四奖章"的周宁医生作分享,激发青年大学生"让青春在党和人民最需要的地方绽放绚丽之花"。

课程描述

公开课由五位分别来自生命科学、临床医学、材料科学、信息技术和思政等不同领域的教师联袂授课。采用上海大学首创的"项链模式",老师们通过"云备课",文理交叉,联袂教学,打造"云上思政"直播公开课。

疫情当下,生命教育可以让学生看到中国抗疫"生命至上"的价值追求,感受中国共产党坚守人民至上的宗旨信念,践行服务人民的铮铮誓言。

课前,教学团队在课程网上教学平台布置了课前的作业:"你最喜爱的一句关于生命的名人名言:写出我的生命感悟"以及"请你说说最打动你的抗疫故事:我关注的抗疫感动"。

顾晓英老师结合课前安排导入课程,她用《生命》小诗诵读来开启课程。课程班学生分享最喜爱的关于生命的名人名言,讲述朴实无华却又伟大的中国抗疫故事。中国抗疫故事直接成为"生命智能"生动的教学内容。

国家杰青、上海大学副校长汪小帆教授分享了自己的学术研究。他结合疫情流变,讲述了信息化时代网络研究在抗疫中的作用,强调了网络智能时代青年学子要乘风破浪,提高站位,了解时代、了解当今中国、了解当今世界,掌握硬核科学技术,为中华民族的伟大复兴努力奋斗,争做时代新人。

学生们通过超星平台表达了自己的即时感想,词云显示,学生们极为深刻地感受到了"科技""进步""科学""受教"以及对我国科技发展的"骄傲""自强"。

上海大学材料科学与工程学院党委书记、原任校团委书记王江教授从一个2008届上大"本硕博"成长的学长角度,分享了青年一代只争朝夕跟党走的豪情和信心。

肖俊杰老师从生命科学角度介绍了关于新冠病毒的科学研究进展、新冠肺炎的检测、中医治疗以及疫情防控。他从国内外检测病毒试剂盒研发的角度出发,分享科研发展对疾病对生命的意义和价值。

"哪有什么岁月静好,分明是有人替我们负重前行。"奋斗在抗疫一线、奔波于各大ICU抢救病室的抗疫战士、华中科技大学附属同济医院的周宁大夫,讲授他和他所在的团队在武汉抗疫前线生死时速之中的青春人和奋斗事。周宁医生刚获评团中央"中国青年五四奖章"抗疫类个人奖,他把师生和网友带到曾经生命争夺的前线战场的每分每秒,视频场景令人动容,也让线上师生和网友们揪心动容。

上海大学在校研究生闵秀芹(秦甲百万口罩项目组核心志愿者),理学院2016级硕士研究生俱李菲以及毕业班直研北大的市优团员、材料学院蔡虎为同学们分享他们在疫情期间作为志愿者,奋斗在抗疫战斗后方的故事,彰显了上大学子在国家需要时奉献青春的勇气和精神。

公开课从不同角度不同侧面向青年学生展示了中国抗疫"生命至上"的价值追求。

学生反馈

同学们在评论区深情留言,为一线医生致敬,为祖国自豪,以"感动""敬佩""骄傲""致敬""感恩""敬畏生命"发表感想。

学生一:感觉很自豪,也很感动。这次直播课让我了解这么多。

学生二:让生命启发生命。

学生三:ICU的医生原来也像大家一样"脆弱",并未看淡生死。

学生四：曾经 90 后被称为"垮掉的一代"，遭受着社会的质疑。但现在，他们用自己的实际行动证明了自己的力量与价值，在自己的青春时代发光发热。所以无论外界的评价是好是坏，我们应该找准正确的目标与方向，来彰显自己绚丽的青春！

学生五：病毒无情人有情，疫情是一次危机更是一次重要的机会，使我们更加进步，更多感动，敬畏生命。现在的年轻人在疫情中承担了许多社会责任，也是因为有了中国共产党的正确领导，让我们在这场疫情战争中即将取得胜利。作为大学生，我们也是青春正当时，更应在我们的生命长途中绽放生命之花！

学生六：这次课给我带来的感受是多个角度的，首先便是对于临床医学工作者的敬佩，其次是对于生命的敬畏，最后是对于"哪有什么岁月静好，分明是有人在替我们负重前行"的醍醐灌顶，豁然开朗。

教学反思

学生评价"这节课使我感受到了国家的伟大，民族的自豪"，"我要努力学习，争取将来能够像今天给我们讲课的老师们一样，为国家的繁荣富强贡献自己的力量"。顾老师的引导以及对整体课程的把控，调动了学生的学习热情以及课程学习的获得感。每位分享的老师都做了充分准备，内容既具有教育意义，又能引起学生思想共鸣，促进学生亲近课程。课程中穿插的生命智能相关知识，学生爱听。这不仅完成了疫情期间对学生的线上价值引导和情感抚慰，也成功达成课程教学中的知识传授。课程得到多家媒体报道。有点遗憾的是由于云端相会，课程互动过程实效不足。学生感慨颇多，却不能像在线下课堂那样直接与面对面老师们互动，只能通过直播评论区输入键盘文字完成与老师对话。主讲老师也有些应接不暇，有时会错过学生提问，不能及时回复。直播时，部分学生表示网络会有些卡顿。

可持续发展战略

高年级研讨课、上海高校课程思政精品改革领航课程
任 课 教 师 朱婷(上海大学经济学院)
公开课主题 可持续的自然资源管理之道——组建"自然资源部"背后的顶层思考
公开课时间 2020年4月28日
结 合 章 节 第四章 可持续的自然资源管理之道

预设目标及意义

通过对2018年国务院机构改革中中国正式成立自然资源部这一事件，引出对我国自然资源"资源化"管理迈向"资产化"管理问题的深入思考和探讨，深入诠释我国生态文明建设中生态环境问题在制度建设方面存在的短板、自然资源资产产权制度变革的重要意义以及如何通过自然资源资产化改革印证"绿水青山就是金山银山"的科学论断。通过案例让学生理解生态文明建设的重要性、"两山论"的丰富内涵、五大发展理念中创新发展和绿色发展的实现路径。通过故事、图片、数据等形式从当代自然资源管理维度进行生动刻画，理解实现可持续的政府治理理论与生态文明建设思政内容的自然结合。

课程描述

承前启后：运用Kahoot在线教学互动平台检验学生上次课堂所授三种资源管理模式的掌握情况，实现课堂知识的温习和学生课程参与积极性的调动，形式生动活泼，并引出对本节课程主要内容——中国自然资源管理模式的思考；

事件导入：通过2018年中国正式组建自然资源部这一标志性的新闻事件，说明中国正处在分散管理模式向集中管理模式的改革中，并引出为何要改革的思考；

层层深入：通过"保护小青蛙"的故事说明自然资源部成立的必要性和自然资源管理中产权问题的复杂性，逐步深入探讨自然资源管理从"资源化"管理迈向"资产化"管理的重要意义；

顶层思考：详细解读自然资源部管理职责的转化，理解健全国家自然资源资产管理体制是健全自然资源资产产权制度的一项重大改革，也是建立系统完备的生态文明制度体系的内在要求。

拓展研讨：激发学生拓展思维参与课程讨论，结合实际拓展性研讨中国可持续的自然资源治理还体现哪些方面，引导学生对自然资源资产负债离任审计制度、河湖长制、十年禁渔政策、绿色政绩的探讨。丰富学生对中国生态文明建设的具象和事实认知，帮助学生树立正确的可持续的社会发展观念。

学生反馈

18120897：这堂课让我学到了"绿水青山就是金山银山"的最贴切解读。自然资源其实是一种资产，如果得到有效的管理，它会像优质资产一样增值，使社会受益；反之，如果管理不当会背上"生态环境债务"，不利于社会的可持续发展。因此，可持续的自然资源治理要求我们进行全国自然资源资产核算，建立自然资源资产负债"大账本"，以实现自然资源的高效管理。

18121147：今天的课程以抢答小游戏进行开场，特别新奇有趣。"保护小青蛙"的故事形象生动地将我带入对自然资源治理问题的思考中。中国从改革开放时期服务于工业发展的分散模式到现在向针对国情更高效的集中化模式发展，最适宜的自然资源管理模式总是处于一个动态的发展过程中，因时因势而变。而资源资产化的根本性变革使我用全新的视角思考自然资源的问题，原来可持续发展、自然资源的合理利用分配竟与我们专业结合得如此紧密，更加深刻认识到绿色经济的意义。

18120989：今天的课程让我加深了对环境经济学的理解。以这门学科的眼光看环境(广义的)，资源便成为资产，利用得当便能够源源不断地产生财富，原来这就是"绿水青山就是金山银山"的深层内涵。进一步地，由数字化的顶层思想向下延伸，量化的具体措施也有趣了起来：绿色GDP的考核指标、资源这笔"资产"的利用成本如何计算、环境资产负债表的标准核定等等。

17120295：所谓"万里江山一局棋"，当老师将中国近年来生态治理的努力成效汇聚到一张地图上时，我在感动之余也意识到生态治理的道路任重道远，不仅需要壮士断腕的决心和勇气，更需要科技的发展与支撑。

教学反思

知识点深度与知识面广度的拿捏：课堂教学时间的硬约束对教师知识点分析的深度和知识面讨论的广度之间提出了更高的要求，既要将问题讲透彻，又要让学生具备由点及面的能力，需要通过不断的课堂教学演练进行修正完善，今后的教学还需要更凝练语言和教学内容，让教学内容更生动精辟。

课堂教学与线上教学的反差：线上教学由于缺少课堂教学的教授氛围，教学效果很大程度依赖于学生的自觉性和自我约束能力。为了更好地吸引学生投入线上课堂,运用Kahoot等在线教学软件与学生开展学习互动能极大提高学生的学习积极性。教师更需要在教学中穿插亮点和兴趣点,吸引学生主动投入学习。

教学内容与教学时间的冲突:五个教学环节要在两节课内完成,时间较为紧迫,对教师时间的掌控能力以及教学语言的凝练能力有较高的要求,同时学生的拓展研讨明显存在时间不足、讨论不充分的现象,可以通过课后学习通群聊功能实现课堂教学的延续和思想的分享。

专业知识与思政内容的自然结合:课程教学内容立足于联合国可持续发展目标和我国可持续发展战略的实施,包含对生态文明建设、五人发展理念、扶贫攻坚战略等国家治理政策的深入解读,课程内容即思政内容,为学生树立经世济民的情怀以及爱国爱党的思想意识奠定基础并注入更丰富的内涵。

项目管理案例与实务

高年级研讨课、上海高校课程思政精品改革领航课程、上海大学课程思政示范课程
任 课 教 师 马亮(上海大学管理学院)
公开课主题 谈重大项目管理,学改革开放历史
公开课时间 2020年4月30日,2课时
结 合 章 节 第七章 重大项目管理的中国实践

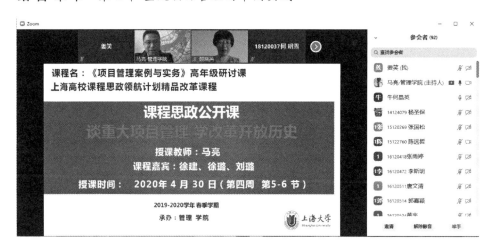

预设目标及意义

结合"党史、新中国史、改革开放史、社会主义发展史"的"四史"学习教育大背景,以重大项目管理为切入点,带领学生学习改革开放历史,增强实现中华民族伟大复兴中国梦的信心。将上海大学与世博会、进博会等重大项目联系起来,为学生勾勒出个人发展与改革开放的强相关路线图。课程嘉宾讲述从重大项目看城市发展的逻辑,结合世博会、奥运会、进博会的典型案例,从全球城市建设视角,讲清楚重大项目对城市及国家发展的重要作用以及重大项目管理的中国智

慧。分享上海世博园区的规划及后世博十周年的发展变化,体会"国际交流""文化演艺""创新金融/产业""商业购物""综合服务"五大世博特质的中央活动区布局,进而感受到"创新、协调、绿色、开放、共享"五大发展理念的落地生根。嘉宾现身说法,通过世博女兵与进博会志愿者管理故事,让学生体会到90后项目管理者们身上爱国、敬业、诚信、友善的社会主义核心价值观,引导学生爱国奉献、向上向善,通过做好项目管理,建功改革开放大业。

课程描述

2020年4月30日12点,"项目管理案例与实务"高年级研讨课于zoom平台准时开启。这堂以"谈重大项目管理,学改革开放历史"为主题,参加者不仅包括30名班级同学,还有70多名来自不同年级不同专业的学生和老师。课程由上海大学管理学院学工负责人、国际活动项目研究中心主任马亮老师主讲,上海市浦东改革与发展研究院(中国〈上海〉自由贸易试验区研究院)徐建副院长,上海世博发展(集团)有限公司总师室助理总经理徐璐,上海大学学生工作办公室、武装部刘璐为同学们带来分享。上海高校思想政治理论课名师工作室——顾晓英工作室主持人顾晓英教授在线参与。

"10年,184天,246个国家和国际组织,7 300多万人次参观者",顾晓英老师致开课辞。她用一组简短有力的数据将学生们的思绪拉回到十年前的上海世博会。那时,顾老师是世博会礼仪讲师,为上海市民带来很多场"东方讲坛"报告。她指出,从世博会到进博会再到上海大学,每一个重大项目的建设都体现着国家使命、城市品格与民族特质,大大小小的项目看似离我们很遥远,但其实每个人都融入其中,也正是因为大家的参与,赋予了项目更生动的魅力。

马亮老师从改革开放的历史切入,带领学生们回顾了改革开放至今的重大项目,联系奥运会、世博会、进博会的成功举办,港珠澳大桥的顺利完工,告诉学生们应该学会用项目思维看待学习与生活,自强不息,奋斗不止。正如习近平总书记在庆祝改革开放40周年大会上所提到的那样——跑好伟大复兴的接力赛。

上海市浦东改革与发展研究院徐建副院长从宏观视角出发,基于对进博会与世博会的比较,带领学生们从重大项目看城市发展的逻辑。就共同点而言,两个项目都处于重大而特殊的国际时点,具有相似的起源,都成为城市发展史上的"大事件",可以说是城市发展的重大引擎和重要契机。就不同点来说,世博会侧重产品展示,而进博会重在采购交易,对城市的影响及周边区域的定位不一样。徐院长从国家、开放、平台、创新、协同、包容六个逻辑角度讲解了上海城市发展的核心逻辑。作为一座国际性城市,上海秉持着海纳百川的城市品格与包容特性,搭建提供各国文明汇聚、沟通交流的平台,与周边共享发展机遇,展开创新活动。

上海世博发展(集团)有限公司总师室助理总经理徐璐从十年前上海世博会闭幕后世博园区的规划与后续利用方面进行了介绍。2010年的第一次规划确定了世博会地区的整体定位,并确定了片区划分及各个片区主导功能。2017年的《上海市城市总体规划》中为世博园区提出了总体规划,"世博特质的中央活动区"成为上海代表国家参与国际竞争与合作的核心功能承载区。我们要建设的是具有"国际交流""文化演艺""创新金融/产业""商业购物""综合服务"这五大世博特质的中央活动区。世博园区的后续规划,也正是平台功能最好的呈现。一方面体现了世博园区的功能定位,另一方面也搭建了一个平台,吸引各大企业机构,给予他们舞台和空间,从而进一步提升上海的功能,展现城市风采,体现了"创新、协调、绿色、开放、共享"的五大发展理念。

曾任世博女兵,现为上海大学学生工作办公室、武装部副主管的刘璐老师与学生们分享了参与重大项目历程中自己从学生到老师的蜕变。刘璐第一次不能与家人团聚正是在2010年春节,她还曾经历过2010年10月16日世博超大客流的考验。十年后,刘璐成为上海大学进博会志愿者的带队老师,带领着上大学子继续在城市重大项目中发光发热。

学生反馈

大二谢同学:上海世博会是国家的大项目,是向世界展示中国经济实力的好机会。从项目最初的申办到圆满落幕,其中融合了太多参与者的心血。这次公开课老师所传授的内容,极大地开阔了我的视野,领略了此工程的浩大。世博会的圆满举办是国家与社会的骄傲,更离不开诸位老师在其中的贡献,如此宝贵的学习机会值得珍惜。

大三田同学:在上海世博会十周年的日子里,感谢马老师为我们请来了当年为世博奋斗的伙伴。他们讲述了自己与世博会的缘分,自己奋斗的青春。从千禧年获得举办资格到2010年圆满落幕的十年时间,从中央的宏观调控,到微观的细节，人与人之间的协商合作，人与技术之间的完美结合，让我们看到了中华民族的伟大复兴一步一步实现。现在，进博会的诞生更是中国伟大复兴不断圆满的有力证据。作为进博会的首创国，意在连接世界，让我们看到祖国用自己的实力让世界变得更美好。

大四张同学：在世博会十年之约到来之际，这节课有着非凡的意义，徐建老师所讲的世博会不仅是一个大项目，也是城市发展的"大事件"，是城市发展的重大引擎和重要契机。从世博会到进博会，两次盛会的举办，又如自由贸易试验区等，上海这座城市已是国家改革开放的先行者和排头兵。每一个项目都充满机遇与挑战，能够听到世博亲历者、建设者、战斗者的讲述无疑是一笔宝贵的财富。

大二蔡同学：上海这座城市也正是由于其包容之广、汲取各方所长而发展得如此迅速，无论是城市还是个人，都应该明白海纳百川、有容乃大，只有开放、包容，相互学习、借鉴优秀的经验才能促进大家的共同成长。

大三李同学（旁听）：作为"老生"旁听了一节马老师的公开课，受益良多。"让青春在党和人民最需要的地方绽放绚丽之花"是习近平总书记给北大援鄂医疗队全体"90后"党员的回信中给我印象最深的一句话，很有象征意义，很能振奋人心。不论是2008年的北京奥运会，还是世博会、进博会，哪一个项目都不能缺少青年人的努力。为了实现国家的历史任务，我们每个青年人都要以建设国家为己任，在努力提升自己的过程中，去完成一代代中国人的伟大梦想。项目管理课程给了我方法论指导，让我多了一种思考问题的方式，也让我在未来的规划中多了一丝明亮。若把人生当作一个项目，那每个人的理想就是项目管理的核心目标。

教学反思

受疫情影响，本次公开课在云端举行，但也给课程带来了新机——同时汇集了多位课程嘉宾，极大地扩展了课程的时空感受度，给了学生不一样的课程体验。本次课程正逢上海世博会十周年之际，选取世博会重大项目管理案例为引子，抓住思政育人的时政节点，具有鲜明的时代气息。课程在设计之初，就精心选取了宏观—中观—微观三个层面的嘉宾阵容，也是对本课程长期坚守的"国家发展需要项目驱动，项目成功需要管理增值，管理有效需要人才支撑"之逻辑路径与协同育人理念的再次演绎。本课程除了课程班本身30名学生，还吸引了

70多名旁听的师生,体现了课程的受欢迎程度和大家对于课程内容的认可。从课后学生们的积极反馈来看,课程思政效果很好地呈现了出来。课程中,教师与嘉宾频繁互动,学生们的发言情况、课前在超星学习通上的签到情况以及微信群中的课后评论作业完成情况,形成了评价学习过程的重要指标。本次课程实现了教学目标,取得了很好的效果,今后会在提高课程学术性和学生参与感等方面继续努力,不负上海高校课程思政精品改革领航课程之美名。

大 众 考 古

任 课 教 师　郑晓蕖(上海大学文学院)
公开课主题　考古"中国":夏文化探源
公开课时间　2020年5月9日,1课时
结 合 章 节　中国青铜时代考古,夏商周考古,二里头文化

预设目标及意义

　　以系统介绍中国青铜时代考古的特点、时间框架并以夏文化为切入点,以二里头遗址为基础,探讨"最早的中国"从何而起,引导学生重新审视夏商周三代"奴隶社会"的社会属性。以学科前沿引导学生主动思考,启发学生对我国的文化发展和历史进程有更深刻的认识,将思政教育贯穿于课程教学的全过程,实现

对高校专业人才知识传授、技能培养、专业引导与价值教育的多重功能培养。通过对专业知识的讲授,使学生在学习知识点的同时,了解中华文明历史和民族精神,激发学生领会习近平新时代中国特色社会主义思想,培养爱国情怀,增加民族认同感、自豪感,激发学生发奋图强。

课程描述

中国的青铜时代即为传统的夏、商、周三代,青铜器之所以为其代表,是融入了社会功能、政治意愿、精神内涵、宗教信仰的结果。在龙山时代,早期国家在空间上是由若干"点"组成的,这些不同等级的聚居点以中心城市为中心形成统治网络,现代观念中划定边境线的国界的概念,那时还不存在。最早的"中国"也仅是指在群雄竞起的过程中兴起的王国都城以及以都城为中心的社会政治实体所处的地域,尤其是它的中心区域。历史话语系统上的夏朝在考古学则以夏文化为替代。夏文化某种程度上是中国考古学孜孜以求的"皇冠上的明珠",其争论的核心实际已经演变成为一个认识论的哲学问题,关涉的是考古学者的立场与方法。五四运动以来,古史辨派学者有力地挑战了以《史记》为代表的中国上古史学的"元叙事",而傅斯年则转而采取"史学即史料学"的守势,这两种史学思想都对中国考古学产生了深远的影响。从"信古"走向"疑古",是史学的一个重大转变,也是考古学走上发展的前提。二里头遗址经历了60年的发掘,已对其规模、格局、形制有了较为全面的认识,对其建立、发展和废弃也有了一定的了解。二里头遗址作为公元前两千年最大的都邑性聚落,面积已经达到300平方米以上,并兴建了大型宫殿,是迄今可以确认的最早的具有明确规划的都邑,后世中国古代都城的营建规制与其一脉相承。从这个意义上讲,二里头遗址的布局开中国古代都城规划制度的先河。

课程内容涉及国家起源、王国形成、社会复杂化和城市发展等重要课题,旨在加强对学生的中华优秀传统文化教育,大力弘扬以爱国主义为核心的民族精神,教育引导学生深刻理解中华优秀传统文化的思想精华和时代价值,完善大学生的道德品质,培育理想人格,展现中华文化的无穷魅力和时代风采。

课程内容以学生所熟悉的青铜器为切入点,引发学生兴趣,对比欧洲和中国的青铜时代及青铜器特点,分析异同,既显示出人类命运共同体下的全球视野,又突出了我国特色的传统文化。青铜器和陶器、瓷器作为我国传统文化中重要的组成部分，一直是中国人民引以为豪的工艺品和艺术品。通过对青铜器的起源、发展、手工艺技术等研究，促使学生认识到文物的价值并不在于价格，而在于其背后的研究意义。青铜器在夏、商、周时期，作为政治权利的载体，冶铸需要投入极大的劳耗，是先民政治制度、宗教信仰和精神文化的象征，通过对青铜器的讲解可增加学生对中华民族传统文化的了解，激发学生的爱国情怀。

课程主体内容以"寻找夏朝"为主体，通过何尊上"中国"两字的铭文为引，对史前到青铜时代聚落的发展、社会复杂化的进程进行讲解，梳理从邦国、王国到帝国时期的历史进程。通过对二里头遗址的发掘成果介绍，促使学生了解中国是如何从"多元邦国"走向"一体王朝"。通过对近一个世纪的考古学家的辛勤工作的梳理，结合不同阶段国家、社会和人民的需求讲授相关理论、方法的发展历程，使学生认识到中国科研人员的不断探索、勇于创新的精神。

学生反馈

学生一：以前对于夏王朝的印象停留在历史课本上的"第一个世袭制朝代"。通过这节课我了解到它其实是夏文化。那个时候是邦国时代，并不能算作是国家，只能说是聚落，所以称之为"夏文化"更为恰当。几个"中国之最"无疑是二里头遗址在社会和文明有显著进步上的最好证明。二里头遗址中，2号基址的中轴线布局是后来许多宫殿的最早雏形。出土的嵌有绿松石的"龙"出自最早的绿松石器作坊。最早的青铜礼器和兵器象征着二里头成熟的社会形态。各地礼器的高度相似，象征着二里头向外的文化辐射。这些都让我意识到二里头遗址在当时来说十分发达，社会进步，文明辉煌。

学生二：夏王朝是人类早期文明中第一个繁荣昌盛的巅峰时期。这节课打破了我对"夏朝只有青铜器"的狭隘认知，我了解了当时各式各样的文化。二里头遗址向我们展现了那时王朝的特点，那里汇聚了众多的历史之最，古代宫城鼻祖、最早的青铜作坊、龙图腾的渊源地和最早的城市主干道网等，让我更加深刻地感受到人类的智慧，看到了更加丰满的夏文化。

教学反思

教学成效：本节课旨在探讨中华文明起源、国家起源的重要阶段，在学习知识的同时融入思政,有利于学生加深对课程内容的认识和思考,提升课程高度,达成教学目标。在课堂中贯穿课程思政,既要求教师本身不断加强专业系统知识学习,充分挖掘本课程的思政要素,也增进了教师自身的责任感和自豪感,加强了教师对学科的认同感。

教学内容:考古学旨在探索古代社会的方方面面。中国历史源远流长,且在新、旧石器时期皆无文献记载,对于古代社会的认知皆来自考古发掘和考古研究。进入青铜时代,也就是传统的夏、商、周三代考古,正值中华文明起源、国家形成,进入王国时期的重要阶段。通过对该节课程的学习,可帮助学生了解中国文明发展的进程,进而激发学生的爱国情怀,增加对民族的归属性和自豪性。

鲁迅与当代中国

核心通识课、上海高校课程思政精品改革领航课程
任 课 教 师 孙晓忠（上海大学文学院）
公开课主题 他人的痛苦：鲁迅笔下的冷与热
公开课时间 2020年5月21日，1课时
结 合 章 节 阅读鲁迅《一件小事》《隔膜》《热风·小杂感》章节

预设目标及意义

通过阅读鲁迅谈人与人之间情感隔膜的小说，让学生理解鲁迅作品的意义，领悟鲁迅为何要强调现代社会中人与人关系发生的变化，教育学生认识到现代社会中人的感知能力出现的新问题，引导学生恢复感知能力，重建新道德。课程不在高调的层面要求学生"讲道德"，而是向下放低，从人的感知出发，讲现代社

会危机,进而更有说服力地证明:人与人建立关系是人的本质,旨在破除当今社会一定程度上存在的个人主义价值观,尤其表现在青年大学生身上,就是"精致的利己主义"。课程不去论证个人主义价值是好还是坏,而是论证个人主义不存在,个人即便要利己,也必须首先利他。课程旨在激发青年学生的社会责任感和人文关怀,让理工科的学生在未来的职业选择和事业发展中更多关注科技的人性化,将个人的发展与国家发展、社会进步紧密结合,将"小我"放入改善人类社会生活的"大我"之中。

课程描述

第一个知识点:冷和热。重点列举鲁迅作品中关于冷和热的作品,思考鲁迅的内心是冷的还是热的。讲清楚鲁迅作品有对社会黑暗现象的批判,但是批判后有重建社会的热心,冷的背后其实是热。破除当前青年学生中一味将鲁迅的批判理解为"看不惯一切,批判一切"的无政府主义思想。结合网络上许多人情冷漠的材料,说明中国进入社会学上的"陌生人社会"的现实。

第二个知识点:重建人与人关系。阅读《一件小事》并提问:小说的主题是什么?鲁迅将怎样的大和小做了对比?讲清楚鲁迅不是在一般的"好人好事"的意义上歌颂车夫的道德高尚,而是从纯朴的底层人民身上,看到了现代文明中丢失的对他人的"感觉",只有这个感觉在,人与人的隔膜才能打破,才能成一气,民族也才会有"沙聚之邦",锻成"人国"。

再请同学观看"小悦悦视频"。学生观看后很受震动。分析这段视频时,教师强调:现代法律和现代道德都解决不了旁观者的"无视"问题;只有重建人的感觉,能够想象他人的痛苦的人,社会才成为有机体。进一步理解鲁迅的"无穷的远方,无限的人们,都和我有关",讲清楚有关和无关的问题。

最后布置作业:阅读文献、参与课后讨论发言。

学生反馈

2019级历史系学生:说实在的,在刚开始上"鲁迅与当代中国"的时候,我是底气不足的,因为我平时的阅读量不是很多,又因为刚迈入大学校门,我甚至会发愁如何把有几十个字的问题写成一篇一两千字的研究性文章。我本以为可能达不到我们课程大纲的学习要求,然而现在回想起来,这些曾经的顾虑早已不是问题。经过几次的导修训练,我发现无论是动笔前的资料查阅,还是对文章的组织思路和整体方向的把握,我都得到了很大的提升,因此,我将这整个的学习过程称之为"浅入深出"。除此之外,我还学到了一种做学术或者是做研究的思路。虽然我的专业不是中文,但是老师所提供的研究范式是值得学习和借鉴的。比如,在查阅相关的参考资料时,我们需要提前对资料做出一定的取舍;文章重要的是要有自己的声音,要大胆地提出自己的看法;还有做研究需要经历的几种阶段等等。这些大的框架对我们今后的学习与研究是大有裨益的,我也会不断地强化这一方面的训练,争取做得更好。最后,很高兴能够与各位老师和同学在这个特殊的期间相遇,我相信今后在老师和同学的帮助下,我们都会成为更好的自己,变得更加优秀。

2017级国际学生 Kim Daehoon:课程中给我印象最深刻的是鲁迅运用的文学手法。鲁迅小说中常常出现的叙述者"我","我"与人物之间的对话,这里的"我",又同时可以隐喻作者。叙述者还描写人物的内心,使读者分不清叙述者是不是小说的人物。鲁迅把自己的思想精神寄托在叙述者或人物身上,也可以说鲁迅作品中的人物往往是鲁迅的投影。这一点,让我觉得很愉快。虽然我无法和其他中国学生一样深入理解和分析作品,但我愿意在自己能力范围内尽量感受鲁迅的作品。我所学知识不足,语言也存在障碍,可能对老师的要求理解不到位。

2019级汉语言文学学生:我在这门课程里最大的收获是阅读作品思维的改变。上课过程中,我从阅读作品"看山是山、看水是水"变成"看山不是山、看水不是水"的境界,受益于前辈们对鲁迅作品的研究成果。老师鼓励我们自主思考,最终达到"看山还是山、看水还是水"的境界。结合课外材料而进行的思考,将成为我今后阅读作品的一个有效思维方法。

学生:辩证,是我在课程中的最大收获。凡事最忌"一刀切"。在以往的文本解读和课文教育中,不仅鲁迅,很多作家的作品被标准答案盖棺定论。受这样思维的影响,我分析作品时没有自己的想法,变得"套路化",用各种"主义"给作品"戴帽子",完全不品读其中蕴意,似乎所有作品都是有标准解析的。学习本门课程,我不仅打开了欣赏文学作品的一扇属于自己的大门,并且在社会时事的分析中也懂得运用辩证的思维。这是一门使我受益匪浅的课程。

2019级哲学系学生:在这门课上我收获很多。我从一些新的角度去看待鲁迅的小说。鲁迅的很多篇目，比如《孔乙己》《阿 Q 正传》等在高中时期作为语文课文学习过，但当时只是基于启蒙的角度理解，表达对"国民性"的愤怒。经过这门课程的学习，我阅读了相关的参考资料，对文本进行更仔细的分析，发现了原来被忽略的地方，开始挖掘鲁迅隐藏在文字之下的、不单单是说教式启蒙的思想。

教学反思

人文类通识教育的目的在于让学生通过对某个领域的了解，建立基本认知，培养高校本科生的人文情怀和社会责任感。因时间有限，我们并没有充分让学生参与到讨论中，只是利用提问方式进行互动，在课后进行了在线的讨论发言。从课后学生的发言反馈中，可以看到课程内容与教学安排达到了课程预设目标，产生了较好的课程思政效果。未来我们将在课堂互动环节设计更多的讨论和问答，以小组合作的方式进行话题演讲和项目设计，让学生真正成为课堂的主人。

环境与资源保护法 A

上海大学课程思政示范课程(专业课)
任 课 教 师 颜士鹏(上海大学法学院)
公开课主题 环境行政处罚之按日连续处罚
公开课时间 2020 年 6 月 10 日,1 课时
结 合 章 节 第七章 环境法律责任 第二节 环境行政责任

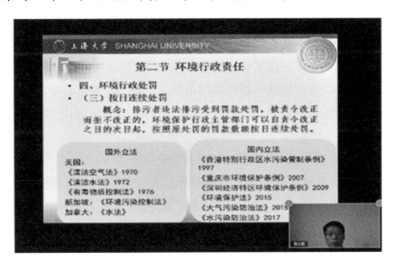

预设目标及意义

党的十八大以来,党中央多次提出用最严密的法治保护生态环境,2014 年修订的《环境保护法》最重要的一个亮点就是确立了按日连续处罚制度。按日连续处罚制度是我国生态文明建设中最严密法治在环境执法中的重要体现。通过环境行政法律责任中环境行政处罚的讲述,明确违法者在罚款方面应承担的行政法律责任已经不设罚款上限,在环境行政机关作出第一次罚款并被责令改正

之后,违法者在复查的 30 日内拒不改正的,则可以适用按日连续处罚。按日连续处罚可以多次适用,没有上限。按日连续处罚增加了违法的成本。通过按日连续处罚的讲授,使学生了解法律对于环境违法行为的重罚体现,了解企业违法行为将会纳入企业的社会诚信档案,对于企业后续的经营行为产生严重的社会影响。本案例的思政要素以国家生态文明建设为价值统领,以守法和诚信为核心要素,在讲授中要让学生领悟,国家的生态文明建设需要每一个社会主体的积极参与,守法和诚信是每一个企业和公民都需要具备的基本品质,违法就将受到法律的严厉惩罚,就将被列入社会诚信的黑名单。

课程描述

本次公开课以按日连续处罚制度的发展历史为切入点,考察了该制度在国外的发展历程和在国内的地方实践以及我国《环境保护法》确立该制度的立法背景。课程以某热电有限公司超标排污的按日连续处罚案例为切入点,通过案例的阐述和分析引出了按日连续处罚的五个核心问题:一是按日连续处罚的法律依据是什么?二是按日连续处罚的适用范围是什么?三是按日连续处罚的适用条件是什么?四是按日连续处罚的适用程序是什么?五是按日连续处罚的罚款数额如何计算?

课程教学中,通过课前布置任务、课上集中讨论、课后布置思考题等形式,充分利用线上资源,让学生参与到教学活动中。课前将讨论的案例和按日连续处罚的相关法律和文献资料在超星平台(学习通)进行任务点布置,让学生对按日连续处罚有一个最基本的概念,了解法律的基本规定,了解实务界处罚的现实状况和学术界所争论的主要问题。在课程教学学习中主要以教师发问引导、学生讨论为主。问题主要围绕着按日连续处罚的五个核心法律问题展开并进行引申发问。例如,对于《环境保护法》第五十九条,企业事业单位和其他生产经营者违法排放污染物将受到罚款处罚,被责令改正,拒不改正的,依法作出处罚决定的行政机关可以自责令改正之日的次日起,按照原处罚数额按日连续处罚。引申发问的问题包括:如何认定违法排放污染物?如何认定拒不改正?如何计算罚款数额?同时将发问的问题带入课堂的某热电公司按日连续处罚案例之中进行具体分析。此外在案例中不事先公布环保机关的处罚数额,而是让学生讨论和计算,以此了解学生对于按日连续处罚的程序和处罚数额的计算是否已经掌握。

在此基础上,再引申出其他的条件,让学生作为行政机关的执法人员的角色,来看是否可以适用按日连续处罚。例如,继续假设两个条件:4月30日,市环境监察支队对这家公司进行复查时发现其烟尘、氮氧化物排放浓度仍然超标,是否可以适用按日连续处罚?6月5日,市环境监察支队对这家公司再次进行复查时发现其烟尘、氮氧化物排放浓度仍然超标,是否可以适用按日连续处罚?以此考查学生对于知识的全面消化与理解。课堂教学中,在讲述按日连续处罚制度的基本法律问题后,进一步让学生思考:《环境保护法》在增加企业的违法成本后,法律规定中对于企业还有无其他的威慑力?进而引申出《环境保护法》中的黑名单制度,让学生了解企业事业单位和其他生产经营者的环境违法信息将记入社会诚信档案,使学生明白诚信在当今社会中的重要意义。在按日连续处罚的基本法律问题知识讲授完毕后,让学生思考:《环境保护法》设置按日连续处罚的意义是什么?学生在讨论中重点得出以下结论:一是违法成本将越来越高;二是体现环境治理中的环境公平;三是促进企业自觉遵守环境法律;四是健全生态文明制度体系建设。课后环节,让学生了解我国当前按日连续处罚的实施现状及其在实施中所遇到的法律困境。

本次公开课在教学过程中以学生的课前自学和课堂集中讨论为主,充分发挥学生的教学主体地位和学生的参与热情,课程讨论设置了基本的讨论问题,同时在讨论中教师在基本问题的基础上再进行问题的延伸,让学生始终围绕问题进行思考,在问题中考查专业知识的掌握程度。课堂教学的最后依然以问题为讨论收尾,让学生思考《环境保护法》确立按日连续处罚制度的意义,在思考与讨论中让学生明确按日连续处罚制度是我国生态文明建设中最严密法治的重要组成部分,让学生了解守法和诚信不仅是每一个企业需要具备的社会品质,也是每个公民需要具备的基本素养,以此达到专业知识与思政要素的有机融合。

学生反馈

17123440:今天学习按日连续处罚制度。……按日连续处罚使得那些企业所面临的惩罚日益增长,可以很好地遏制企业继续违法的行为,也使行政处罚过罚相当,能在实践中发挥重要作用。

李同学:我对于环境保护法律规制中的"钢牙利齿"有了更深刻具体的认识。特别是《环境保护法》中新增加的"按日计罚",加大了企业的主体责任和违法成本,对于"违法成本低、守法成本高"的突出问题,有很大程度的改善。通过老师举的案例,我们了解了按日计罚的适用条件、程序以及罚款的计算方式,让法律中的制度更加明晰。

17123567:按日连续处罚作为行政机关对于环境行政相对人违法排放污染物的行为所作出的一种特殊处罚方式,极大地提高了企业和有关生产经营者的违法成本,在实践中起到了良好的惩治与教育相结合的作用,也是我国在建设生态文明进程、实施可持续发展战略中的重要实践。

17123598:按日连续处罚作为一种财产罚,很有其针对性,有效打击了部分企业不屑于一次性罚款而继续违法排放污染物的行为,提高了企业的违法成本,可以看出国家在环境保护领域的坚定决心,真正贯彻了"绿水青山才是金山银山"的环保理念。

魏同学:新《环境保护法》是一部有"牙齿"的法律,我想"按日连续处罚"(《环境保护法》第五十九条)便是"锋利牙齿"之一。按日连续处罚不仅可以将遵守环境法律的意识深深植入企业生产生活中,还可以健全生态文明制度法律体系。再者,这样较高的违法成本也将倒逼企业实现"绿水青山就是金山银山"的思维转变。颜老师以法律规定为切入点,在基础知识讲解的基础上,辅以案例,让我理解了按日连续处罚的程序、适用条件适用范围等。我想老师的课堂是建立在祖国大地的案例之上的。

教学反思

本次课程的教学在专业知识讲授和思政要素挖掘方面均取得了较好的效果。

首先,在价值引领方面,课程紧紧围绕着国家生态文明建设战略对环境法治发展提出的客观要求展开。党的十八大以来,党中央多次提出用最严密的法治保护生态环境,如何理解最严密的法治要求?其具体体现是什么?课程结合教学中的法律责任一章,以2014年《环境保护法》确定的按日连续处罚制度及其在实践中的实施讲授环境行政处罚,让学生了解按日连续处罚作为最严密的生态文明建设法治组成部分在我国生态文明建设中的重要意义。

其次,在思政要素挖掘方面,课程以守法和诚信为基本的思政要素,结合企业违法行为的行政处罚来展开。在具体讲授中,让学生通过按日连续处罚的案例了解企业违法行为其所承担的违法成本是巨大的,在接受法律的惩罚同时,违法行为还将被记录在社会诚信档案中,也就是《环境保护法》中的黑名单制度,以此在教学中引导学生做一个守法和诚信的公民。

再次,在专业知识与思政要素有机融合的教学设计方面,课程始终以问题和讨论的形式展开,使学生始终围绕着问题展开专业知识的思考,提高了学生的教学参与度。在专业知识的讲授基础上,通过让学生思考《环境保护法》确立按日连续处罚制度的意义所在,让学生在思考中明白生态文明建设需要严格的环境执法,需要企业自觉遵守法律、诚信经营,而作为普通公民而言,亦需要遵守法律,做诚信公民。

在教学中,尚有需要不断改进和完善之处:一是课前的任务布置及完成情况需要进一步完善,讨论中发现部分学生课前的自学状况并不理想;二是教学中的讨论环节,部分同学的参与度不够,还需要积极调动学生;三是对于课程中思政要素与专业知识融合的教学设计还需不断优化,让学生更容易把握思政要素与专业知识的不可割裂性。

示范课程、领航课程等教学设计(选编)

"一流城市孕育一流教育，一流教育成就一流城市。"上海大学率先开设了"大国方略"课程，被誉为"中国系列"课程的策源地。学校坚持把立德树人作为人才培养的中心环节，推动思政课高质量发展，持续发力，六年推出覆盖15个院系的16门思政选修课。传大道，讲大势，"一院一大课"系列课程"点上开花"，带动更多专业课教师深度挖掘课程思政元素，结出育人硕果。学校先后入选上海高校课程思政教育教学改革整体校和上海高校课程思政教育教学整体改革领航校，入选上海市"三全育人"试点校。近期，学校着力推进本科生全员导师制，全面推进课程思政建设，发挥每位教师每门课程的育人作用。学校已建成三批44门课程思政示范课程，建设122门市级领航课程，涌现出一批课程思政优秀教师。

2021年3月，学校成立课程思政教学研究中心，5月获评教育部课程思政教学研究示范中心（全国本科院校仅15所，上海大学为唯一一所地方高校），叶志明教授的"土木工程概论"获评教育部课程思政示范课程、课程思政示范团队和名师。

继2018年上海大学首开"开天辟地"之后，2020年迄今，学校陆续开发"体育中国""中国记忆"和"光影中国""中国'芯'路"课程，分别依托体育学院、图情档系、电影学院和微电子学院优秀师资交叉学科开课。2021年，适逢中国共产党成立100周年，上海大学建强建亮"红色传承"系列课程，发起国内首家高校党史类课程联盟并举办全国性教学研讨会，结合专业特点分类推进，充分发挥各级示范课、领航课程作用，盘活资源，协同创新，构建全员全程全方位育人大格局。

这里遴选部分示范课程、领航课程和新开发课程的教学设计，体现老师们对课程思政建设意义的理解和领悟，也呈现老师们高质量的课程思政教学设计。

专业类课程思政示范课程

国 际 金 融

尹应凯(上海大学经济学院)

课程介绍

"国际金融"是经济学院本科生的专业核心课程。结合本课程的教学目标以及金融学专业毕业要求(目标导向),教学团队积极探索教学创新,强调"以学生为中心",贯彻"价值塑造、能力培养、知识传授"三位一体的育人理念。

注重课程思政是本课程的重要特色。课程在教学中融入中国传统优秀文化、中国经济伟大实践、国际金融前沿理论等课程思政元素,培养大学生的历史担当、探索精神和经世济民的情怀,并树立人类命运共同体理念。同时,课程将新结构经济学这一中国自主创新理论融入教学,解读中国经济发展道路,引导学生坚定"四个自信"。

尹应凯老师自2008年讲"国际金融"课程,至今累计开设课程12年。授课对象主要为经济学院、管理学院、理学院的本科生。累计授课人数超过1 500人。课程教学团队还包括王国松教授、刘建桥博士、张丽娟博士等。

本课程获得上海市重点课程、上海高校课程思政精品改革领航课程、上海大学研究型挑战性示范课程、上海大学课程思政示范课程等称号。课程负责人是上海高校课程思政领航团队"金融学"教学团队负责人、上海高校课程思政领航课程"国际金融"的课程负责人,曾获上海大学第九届青年教师教学竞赛一等奖(2013年)、"宝钢教育基金优秀教师奖"(2019年)、上海大学首届教师教学创新大赛课程教学创新大赛正高组一等奖(2020年)。

特色与创新

(1) 注重科研反哺教学。教师聚焦中国经济发展实践进行科学研究,并将人民币汇率制度改革、宏观货币政策搭配、人民币国际化等科研成果带进课堂。如在"汇率决定理论"部分中,融入"人民币价值之谜""巴拉萨-萨缪尔森效应"等科研成果;在国际货币体系中,融入"国际碳金融体系"等科研成果。

(2) 注重研究型挑战性教学。一是提高教学的高阶性,注重培养学生形成"三维立体"的国际金融思维。三维是指时间、空间、社会三个维度:空间维度(站在世界看中国),时间维度(站在昨天、明天看今天),社会维度(站在对方的角度看自己,向上的价值维度)。二是鼓励学生追踪国际金融理论前沿与最新实践进行研究。三是鼓励学生用中国自主创新理论研究中国发展问题。

(3) 注重课内培养向课外育人的延伸。一是注重最新国际金融事件的导入,培养学生的问题意识。二是提高学生参与研究的投入度,将经典与前沿文献上传至在线教学平台,供学生研读思考、寻找项目选题。三是建立课内外协同育人机制,以创新论文写作和创新项目研究为载体,实现课内外联动。

(4) 注重信息技术在教学中的应用。一是通过信息技术拓展教学资源。二是通过信息技术加强过程考核和多元化评价。

取得成效

(1) 引导学生增加学习度,更好掌握前沿理论知识。课程注重过程管理,学生通过课堂预习、阅读文献、课外创新论文与项目研究、团队讨论、学习中国大学 mooc 精品课程等方式,学习投入度大大增加,从而更好掌握前沿理论知识。

(2) 培养学生的科研素养,提升研究能力。课程以创新项目研究、创新论文写作为载体,实现课内外联动,以此培养学生的科研素养,提升研究能力。通过对完成本课程学习的学生进行调研,85%的学生反映本课程的研究型挑战性教学对研究能力提升有帮助。

(3) 训练学生的国际金融素养、进一步坚定"四个自信"。学生训练了国际金融的"三维思维",同时通过运用中国自主创新理论解读中国经济发展故事,引导学生进一步坚定"四个自信"。

费孝通学术思想

汪丹(上海大学社会学院)

课程介绍

汪丹老师自 2015 年主讲"费孝通学术思想"课程,至今累计开设课程六年,授课对象主要为社会学院本科生,累计授课人数超过 200 余人。课程教学团队包括李友梅教授、耿敬教授、张江华教授等。

本课程获得 2020 年度上海高校课程思政教学设计示范案例、上海高校课程思政领航课程、上海大学课程思政示范课程、上海大学课程视频资源建设重点课程等称号。课程负责人为"上海高校课程思政改革领航高校重点改革领航学院"课程思政教改团队核心骨干、"教育部第十一期马克思主义理论研究和建设工程重点教材任课教师示范培训"骨干教师。

课程践行"胸怀祖国、放眼世界、心系社会、志在利民"的育人理念。作为面向社会学本科生的专业基础课，课程主要讲授中国社会学奠基者——费孝通先生的学术思想。费孝通的学术生命始终与乡土相结合，始终与家国命运相结合，始终"迈向人民"并贯彻着"从实求知"的精神和"志在富民"的抱负。学习费孝通的学术思想，就是在学习社会学知识的过程中做到对国家有贡献、对人民有关怀、对社会有用处、对学术有意义。

课程深挖社会学育人元素，推进知识传授、能力培养与价值引领的有机融合。课程内容聚焦三大知识单元，融合多元教学方式，涵盖11个知识传授和能力培养重点，潜移默化地引导学生能够以社会学为志业，在田野中发现过去，在调查中阅读社会，在行动中学以致用，以学术引导社会发展和理解中国之治。

特色与创新

（1）注重"因时而进"的理想教育，使得学生胸中有理想。课程以费孝通为代表的老一代中国社会学人求学、问学与治学的精神和理想信念，感召新时代的社会学人立下"以社会学为志业"，回应现代社会的"继替"问题与"中国人如何在复杂世界中认真做人"的问题。

（2）注重"因势而新"的知识传授，使得学生心里有标杆。课程以与时俱进的费孝通学术思想专题研讨与专家讲座，引领学生体会学术研究"发思想之先声"的时势挑战性、时代前沿性与学术争鸣的世界体系。

（3）注重"因事而化"的能力培养，使学生学有所得。课程充分结合新时代青年人熟稔"网络生活"与"信息化智能化学习"的特点，组建学习通线上教学资源共享与师生互动平台，使学生能自主决定学习的侧重、衡量自身知识的掌握度、管理自身的学习时间。

（4）注重"爱与温度"的课堂体验，引导学生能育人自育。以学生为中心，跨校整合优质内容与卓越师资，专业导师与校外专家协同育人。课堂教学融合教师主讲、翻转课堂、专家讲座及费先生家人授课等多元方式，全方位呈现世纪老人——费孝通先生的学术思想生命力。

（5）注重"知行合一"的实训教学，激励学生能学以致用。课程采用线下线上相融合的考核方式，涵盖在线闯关、读书研讨、假期调研与期末论文等多元考核方式，鼓励学生将理论思考与当代中国社会实践紧密结合。课程注重学生的课堂思考、调查研究与论文报告的成果转化,以"费孝通优秀论文奖"与"费孝通田野调查奖"等奖项为激励,协助和指导学生主动参与科研项目与社会实践。

取得成效

"费孝通学术思想"课程作为上海大学社会学院的特色课程,在践行钱伟长校长"拆墙办学"的高等教育思想中取得了一定成效。

(1)"行走"的课堂让专业能力和家国情怀共育并举。学校课堂与社会大课堂紧密结合,学生带着"费孝通问题"下田野做研究,理论创新与科研能力获得提升,调研热情与家国情怀高涨。

(2)育师育人的师生共同体初步形成。科研与教学互哺,在"无声育人""位育立德""育人自育"三方面下功夫,实现教学相长。

(3)深具学科特色的"三全育人"体系日渐完善。课程自开设以来就探索"以学生为根本,以学术为基础,以学科为支撑"的内涵式发展体系,持续推进"三全育人"综合教改落地生效。现已形成了以费孝通命名的"1 门课—1 研究中心—1 实践基地—1 学术论坛—1 研究文集—1 论文奖—1 田野奖学金"的互为支撑的较为合理的教材教学体系、人才培养体系、综合评价体系、条件保障体系。

法律职业伦理

文学国(上海大学法学院)

课程介绍

教育部2018年颁布《法学本科专业教学质量国家标准》,将"法律职业伦理"列入法学本科生的十门核心课程之一,这是国家层面首次将"法律职业伦理"课列入法学本科生的核心课程。

上海大学法学院组织了以文学国教授为负责人的教学团队,成员有陈敬根教授、金成华副教授。教学团队共同讨论,形成教学大纲,共同商讨了教学内容与相关教学案例的编选。文学国教授编辑了相关的法规与案例,提供给教学团队参考。团队其他两名成员陈敬根教授与金成华副教授根据自己的专业收集整理了国外的相关法规与法律职业规范文本,供团队教学时参考。

本课程适用于法学院法学专业本科生两个班的教学。每个班学生人数为70人左右。根据学校与学院的统一教学安排,"法律职业伦理"课已于2019年开设。课程按照法学一流本科课程要求进行教学设计。教学团队成员也为法律硕士研究生讲授了该课程的相关内容。

特色与创新

本课程理念:寓道于教、寓德于教、寓教于乐。

"法律职业伦理"课讲授法律职业从业者应该遵循的职业道德与职业伦理规范。根据习近平法治思想中关于法治人才培养的精神与要求,将法律职业人才培养的政治素质、理念信念、社会主义核心价值观等融入课程内容之中。不同的法律职业,如法官、检察官、律师、仲裁员等,所应遵守的法律职业伦理规范存在一些差异,但他们作为社会主义法治队伍中的一部分,基本的职业规范与伦理规则是共同的,教师在课程上要将这部分内容讲透,通过学生的听课与自学,对法律职业共同体的规范有深入的了解与认识。

结合法学专业人才培养要求,将法律职业伦理融入学生的部门法专业学习中。法律职业伦理的规范,除了专门针对不同法律职业的规定之外,有大量的职业伦理规范还体现在部门法之中,如民事诉讼法、刑事诉讼法等法律规定之中,在讲授法律职业伦理课时要结合这些部门法的条文规定,分析法官、检察官、律师等在从事法律适用过程中如何遵守这些规律规范,可以加深学生对部门法规定的学习与理解。

通过现实生活中的案例分析,让学生清楚今后从事法律职业应遵守的道德底线与法律红线。课程教学中引入案例,融入理论讲授与规范分析之中,增强课程的现实感。

采用灵活多样的教学方式,激发学生的学习兴趣与提升分析问题的能力。课程教学主要采用历史与现实的比较法,让学生了解作为一种古老的职业,法律职业伦理有着漫长的产生与发展过程;采用国别比较,让学生认识到中国特色社会主义法治队伍职业伦理的独特性;采用案例讨论与分析,先由学生课堂讨论,再由教师进行归纳总结。

取得成效

教学团队编辑了两本教学参考资料：《法律职业伦理法规汇编》《法律职业伦理教学案例选编》；一本论文集：《法律职业伦理论集》（上海大学出版社2021年版）；一本适用于本科生的教材：《法律职业伦理导论》（上海大学出版社2021年版）。

教师评价：通过法律职业伦理有关案例，引起学生学习兴趣。教师引导学生讨论，使学生认识到虽然不同国家的法律制度不同，但对法律职业从业者的道德要求与职业操守有许多共同的地方。文学国教授将社会主义核心价值观倡导的"平等、公正、法治、爱国、敬业、诚信、友善"等融入内容讲授与案例分析中，彰显了思政元素。网络调查结果显示，课程满意度达95%。

学生评价：课程内容富有创新性，对于案例的讲解引人入胜；希望今后与老师一起探讨更多的社会热点案例，争议越大的案例越好，通过热点案例的分析与演讲，能更深入地学习这门课程；教师授课有条理、有重点，课堂学习氛围良好；拓展了知识面，收获很大，课程的形式与内容都很好。

水污染控制工程

陆永生（上海大学环境与化学工程学院）

课程介绍

"水污染控制工程"是环境与化学工程学院环境科学与工程系环境工程专业基础课。授课教师为陆永生、邹联沛、李小伟。

课程主要讲授水处理过程中的物理处理法、化学处理法、物理化学处理法、生物处理法的原理、方法和工艺技术、主要设备及构筑物的设计计算等。在讲授污水处理理论学习和实践过程中，树立并增强学生的环境保护意识及社会责任感，培养学生的工程素养，激发学生的创新意识、提高学生的创新能力。

梳理"水污染控制"教学内容和教学环节，分析发掘课程教学中蕴含的思政内容,找准切入点,将思政元素贯穿于课程教学的全过程,深刻理解我国实行保护环境基本国策的原因,树立生态文明理念,从生态文明维度来诠释新时代的爱国主义内涵;从水污染治理达标排放的执行度进行诚信教育;增强环保意识,从内生动力的培养着手,强化责任公民意识;由伦理学视角分析水污染问题的伦理成因,进行环境伦理的思考。

特色与创新

"水污染控制工程"聚焦污水水质及出路、物理处理、化学处理、生物处理、物理化学处理和污泥处置、污水厂的设计及城市污水回用等教学知识单元,在专业知识传授和能力培养过程中,潜移默化地融入思政知识点,形成"爱国、诚信、责任"课程核心价值观。

(1) 合理设置课程思政目标。根据专业课程的特点和内容,从"法、策、德"三方面考虑发掘其中的思政元素。例如,在与"水污染控制工程"课程相关的生态文明建设方面,党的十八大以来,作为统筹推进"五位一体"总体布局和协调推进"四个全面"战略布局的重要内容,生态文明理念日益深入人心;切实加大水污染防治力度,保障国家水安全而制定的法规已逐步施行;时刻关注相关时事新闻,把"人民城市人民建,人民城市为人民"及时融入,及时补充、更新、修订教学大纲。

(2) 课程思政内容选择组织。依托本课程所属上海市教委高峰高原学科——环境科学与工程平台,和"有机复合污染控制工程教育部重点实验室"坚实的基础条件,注重科教融合,实现科研反哺教学,联系实际和热点,开展思政素材、案例的积累和扩充。

(3) 专业课程思政融入标准。在教学过程中融入保护环境的基本国策、生态文明建设的重要性等思政内容,学生通过对环境变迁、环境质量的调研感悟,情感上引起共鸣,对课程内容有了认同感;通过国内外技术、工艺的比较,拓宽学生的国际视野,激励学生学习内生动力,促进学生对专业知识的理解、掌握、拓展及深入思考。

(4) 专业课程思政实施过程。"引人以大道、启人以大智",课程团队对本专业、学科具有使命感,有强烈的育人意识和内在价值的认同,注重师德师风建设。采取研究型挑战性教学,团队不同教师教法可以不一,但思政元素能"润物无声"

地融入能力培养与知识传授,实现专业知识目标和思政目标的有机统一。

取得成效

(1) 出版自编教材一部:《环境工程专业实验教程》(陆永生等编,上海大学出版社 2019 年版);

(2) 完成在线课程建设,搭建并使用网上平台;

(3) 校内外多次分享课程思政建设经验;

(4) 指导学生项目"污泥中微塑料的分布特征及潜在风险"获第六届上海大学生创新创业训练计划成果展最佳创新报告奖。

跨文化管理

聂晶(上海大学悉尼工商学院)

课程介绍

"跨文化管理"是一门同时强调文化和管理科学的专业基础课,旨在培养商学院学生的国际化格局、健康的文化角色认知能力、良好的跨文化沟通和管理能力。

课程针对工商管理专业二年级学生开设,是工商管理本科系列专业课程的先导。

课程基于国际化背景下的人才需求,关注人才的综合素质和思维模式,提升学生的国际交流和沟通能力,培育其拥有国际化的眼光和心胸,能够用更宽广的视野思考和解决问题。

课程采用跨文化管理能力分层培养＋体验式案例教学法，让学生参与更多的课内外教学活动，在学习国际化理论的同时，能够开展本土化实践。2010年开课至今，广受学生好评，获评上海市重点课程、工商管理专业教学指导委员会金课项目。

特色与创新

（1）课程思政总体设计系统化。"跨文化管理"课程思政的整体设计围绕"文化"展开，旨在培养当代大学生对中华文化的理论认同和情感认同，形成客观理性的文化价值观。以文化价值观为圆心，以能力为半径，以国际化视野为背景，培养学生跨文化沟通、跨文化管理的能力，开拓其全球化视野、国际化心胸，培养优秀国际化管理人才。

（2）育人要素精准化。课程涵盖"国际化背景""文化价值维度理论""管理过程中文化变量的作用"三大内容模块，旨在培养学生国际化的格局、健康的文化角色认知能力、良好的跨文化沟通能力，通过案例分析、调查研究等，提升学生的思辨能力以及问题解决能力。课程设计精准，即建构以"国际格局"为基调，以"中国"为主、"西方"为辅，"价值观"为轴的模式。

（3）教学方法立体综合化。经过多年探索，课程从"多点辐射"的案例式教学发展为"全面系统"的立体化课程。三大模块、13个知识点分别从"国际化格局""文化价值观""跨文化能力"入手，系统地覆盖了管理环节的各个方面。通过课堂内容讲解、案例分析、小组讨论、调查研究等，帮助学生将理论知识转化为实践能力，加深学生对理论知识的理解，增强学生对跨文化沟通的体验，提升学生的沟通实践与科学研究能力。

取得成效

教师获评上海大学课程思政微课竞赛二等奖。"跨文化管理"立项为上海市重点课程、工商管理专业教学指导委员会金课项目。

学生评价

18124053：课程于我而言是理论学习、是文化滋养、是思想碰撞。我们在不一样里寻找相同点,在普遍性里发掘不同点。这门课给我的最大收获,一是能够跳出自己熟悉的国家文化圈,张开眼睛去看世界,以发现、接纳、理解、尊重的姿态去面对不同国家在多种场景下的差异化应对模式;二是让我能够在横向展开的同时,纵向去挖掘、了解我自己所熟悉但却没有深入思考过的中国文化,能够发现和感悟到我没有追到的一些文化现象背后所存在的普遍规律和文化特质;三是这门课不仅揭示了文化间的差异,更探讨了不同文化背景下,如何融入当地、因地制宜、求同存异应用管理学知识,利用差异性管理模式达到最有效果。

18124104:通过课程学习,我尝试着突破自身文化局限和思维局限,从不同角度看问题。课程教学一方面与生活相结合,提到了沟通中反映的文化因素,另一方面与管理学专业紧密联系,从文化的角度解读企业管理中的谈判、决策、人力资源管理等。两次小组演示,我们提升了自主学习能力,对文化的理解也在收集资料、小组讨论中得以加强。生动有趣的案例,给我带来了很强的文化冲击感,课程中的知识点提升了我的文化敏感性。我学会了从另外的视角去看待生活中习以为常却又难以解释的现象。

18124035:以前虽然明白不同文化间是有差异的,但还是比较笼统。我现在很后悔没有早一点上这门课,这样我就不会在英语角与外国老师交流的时候产生不必要的尴尬了。

环境与资源保护法

颜士鹏(上海大学法学院)

课程介绍

"环境与资源保护法"是法学院法学专业本科生的学科基础课。本课程以国家生态文明建设战略对环境立法、环境执法、环境司法提出的客观要求为主线,融合专业课课程思政和研究型挑战性课程的教学改革需要,积极探索教学方法和考核方式创新,将其打造成体现国家生态文明战略与法学教育紧密结合的法学专业课程。

颜士鹏老师自 2008 年讲授"环境与资源保护法"课程,至今累计开设课程 12 年,累计授课人数超过 1 600 人。课程主要面向法学院法学专业学生。课程教学团队还包括刘俊敏教授、李晨光博士。

课程于 2015 年列为上海大学重点课程,2019 年列为上海市重点课程,同年被评为上海大学专业课课程思政示范课程(培育课程),2020 年被认定为上海大学第二批研究型挑战性课程。

特色与创新

(1) 国家战略导向的教学理念。课程将生态文明国家战略对环境法治提出的客观要求与环境资源法教学无缝对接,培养学生既具有扎实的环境资源法学功底,又具有心系地球环境这一家国天下胸怀的新时期综合型、应用型法律人才。

(2) 问题导向的教学模式。课程采取教师主导与学生讨论并重的教学模式,通过每章设置的课前问题,教师与学生半分课堂,教师通过问题启发式进行主导教学,讲述知识点,学生则围绕课堂讨论问题,进行分组讨论和观点展示,学生之间互评,教师参与讨论和点评。

(3) 多措并举的教学方法。课程教师在传统的知识点讲授基础上,引入了案例式教学(如腾格里沙漠污染案)、讨论式教学(如新冠病毒疫情与《野生动物保护法》修改)、辩论式教学(如污染环境罪和重大责任事故罪)、项目式教学(如工业项目生命周期环境管理法律制度)、角色模拟式教学(如应对气候变化谈判)等。

(4) 全过程教学考核评价。课程采用课前、课中、课后、期末考核全过程的评价模式,将平时的考核成绩提高至 50%,平时考核成绩中针对课堂讨论等情况增加生生互评,发挥学生在教学评价中的能动性。期末考核以开放性试题为主,重点考查学生专业知识掌握、文字写作能力、问题分析能力、逻辑论证能力等。

取得成效

(1) 学生评价与反馈良好。课程的学生评教分一直位于学院专业课的前列。课程建设中十分注重学生的反馈意见,从学生对于课程改革的反馈意见来看,学生乐于参与到教学中来,对于教学中采用的诸多教学方法,学生普遍觉得课堂不再枯燥,在学习知识点的同时将课程思政要素无痕融入,如学生评价本课程"课堂是建立在祖国大地的案例之上的""在掌握法学技能基础学习的基础上,还能了解国家现在正在发生些什么、正在作出的改变,不是仅照本宣科,而是真正地把司法实践带入课堂教学,让我们了解环境资源保护的重要性、紧迫性"等。

(2)注重学生创新创业训练。本课程注重教学效果的课外延伸,鼓励学生参加大学生创新创业训练计划项目。2019—2020年,共有两个项目获得学校大学生创新创业训练计划项目立项,其中一项获得上海大学2020年国家级大学生创新创业训练计划项目立项。

走进百姓生活
——黄河流域写生实践

桑茂林(上海大学上海美术学院)

课程介绍

"走进百姓生活——黄河流域写生实践"是为双一流高校上海大学上海美术学院本科生设计的实践课程,旨在培养全面发展的卓越创新型人才,也是专业基础课程的重要组成部分。本课程为本科生二、三年级必修课程,每年有40人次参与。学生走出教室、走出校园,深入生活,面对现实生活与人民百姓,了解大众,与民共处,从中接受思政教育,爱党、爱国、爱民,并进行现场写生作画。教师命题或学生根据实际自拟课题,刻画民生,描绘祖国大好河山,见农村新建设,观农村新旧变革,绘农民生活富裕新景。课程习作为美术作品创作提供现实主义素材，学生成为创作弘扬祖国大好河山的现实主义作品的储备人才。课程为培养高水平创作提供了有力的实践平台。赵波同学的木刻作品《大地》获得了2018年国际版画展银奖，陆珠荟同学的木刻作品入选"第十二届艺术节作品展"，郁晨嫣同学的艺术创作作品入选"十三届全国美展"等；桑茂林老师的作品《北方的初春》入选"十二届全国美展"和"十二届艺术节作品展"等。

课程连续得到学院领导和各界高度评价，入选上海高校课程思政重点改革领航学院领航课程。

特色与创新

课程将思政融入大学生课堂，注入更新写生课程框架，新的方式与内涵得到进一步拓展和启动。自2015年起，本课程开始更为关注对青年学生思想认识给予潜移默化的熏陶，给予思想情感上的培育和价值观的导引；2020年本课程获评上海高校课程思政重点改革领航学院领航课程。

（1）体现挑战性培养。学生创作课题针对性强，命题性集中，目的性明确，调研、写生、考察相结合，重思路，重方法，重能力。

（2）融思政元素于课堂之中。通过传统文化考察、黄河文化感受，了解中国文化。实地了解黄河民情、观察农村新建设与新旧变革、描绘农民生活富裕新景等增强了大学生的文化自信。结合当地红色遗址，如将毛泽东黄河东渡遗址作为专门课程任务，进行绘画调研和采访等，有内容、有动力、有意义。

（3）体现高阶性培养。课程学生创作课题主题明确，针对化、系统化强。出发前，学生根据课题要求进行资料查阅，进入实地后，以田野调研、资料收集、现场写生、PPT汇报、展览结合的方式完成课题，使课程变得有逻辑、有条例、有过程、有成果，使学生得到良好的学习思维和实践能力培养，有效提升专业能力。

取得成效

（1）引导学生立足时代，提高综合能力。引导学生扎根人民、深入生活，树立正确的艺术观和创作观，强调学生综合能力的提高。

（2）增强学生对新时代中国民情的了解，弘扬民族精神，增强文化自信。加强优秀传统文化教育，引导学生深刻理解中华优秀传统文化中的思想精髓和时代价值,弘扬以爱国主义为核心的民族精神,增强文化自信。

(3)明确成果导向,以学生为中心建立课题,培养了学生的学习思维和实践能力,让学生整体思路清晰、学习过程明确。

(4)引导学生用专业传承传统文化,进一步坚定"四个自信"。无论是内容中融入中华优秀传统文化、革命文化、社会主义改革的先进文化,还是实地或线上教学环节中融入践行要求,都能帮助学生树立正确的艺术观和创作观,有效增进学生的写生"匠艺",引导学生用专业自觉传承中华传统文化。

(5)出版著作《黄河上空的云》,上海人民美术出版社2018年版。

生化仪器分析实验

陈旭(上海大学生命科学学院)

课程介绍

"生化仪器分析实验"是生命科学学院的专业基础课程。本课程的教学团队通过切实地与校内外企事业单位的协作,建立具有学科技术特色的"生化仪器分析实验"和基于课堂、实践教学、课外实践实习等全方位创新人才培养的"生态链"式体系。

本实验课程在教学中将中国传统的中医药文化融入生物活性物质的分析中,辩证地分析我国与国外的药物残留等食药品的评价技术体系,客观看待国内外分析仪器与分析技术发展的现况和差距等。

陈旭老师自 2001 年主讲"生化仪器分析实验"课程至今,累计开设课程 20年。授课对象主要为生命科学学院、钱伟长学院等本科生和研究生,累计授课人数超过 2 300 人。课程教学团队还包括曹亚老师、戴小峰老师、朱小立教授、张娟教授、赵婧教授等。

本课程及配套的理论课程相融合的"需求为导向的生命科学课内外联动教学实践体系探索"获得上海大学教学成果一等奖(2017 年),本课程获评上海大学高水平示范课程(2017 年)、上海大学研究型挑战性示范课程(2019 年)、上海大学课程思政示范课程(2019 年)等。课程负责人获评上海大学实验室工作先进个人(2020 年)。

特色与创新

(1) 注重学科及理论应用的联系。帮助学生深入理解每一步实验设计的意义和依据,做到"授之以渔",增强学生的理解力与应用能力。例如在对葛根、血竭、红花等中医药开展活性成分分析时,针对一个新的活性成分,集全学期所学的紫外、红外、荧光光谱、色谱、质谱以及核磁波谱进行综合解析,将知识结构加以升华。

(2) 加强综合设计与创新实验。通过综合设计实验,努力让学生完成从实验学习到科研实践的顺利过渡。如药物分析中,让学生自行设计定量分析的标准曲线等,结合课外的文献检索,大胆地尝试改进与优化实验流程,并在课堂教学中得以实践,激发技术导向性的自主创新意识,降低关键技术对外的依存度。

(3) 开放实验室与多元化考评。打破传统的封闭式实验,形成开放仪器分析实验室的机制。为学生提供宽松的学习环境和实验空间、充分思考与独创性感受的教学活动空间以及个性化发展的空间,鼓励学生参加大学生创新创业项目申请、国家级与市级的生命科学竞赛等科技活动。实行多元化的考评制度,注重评价学生主动参与实验的过程。

(4) 探索校内外的实验技术合作。注重学生在实验教学课堂外的创新项目实践,按学生的需求推行分层培养模式。依托与校内实验平台的共建、与校外企事业单位实验室的通力协作,让学生真正受益于课堂学习、课外实践、单位实习的三维一体"生态链式"人才培养模式。

取得成效

(1) 课内外的联动教学平台初见成效。2019—2020 年度,教师团队带领学生积极参加国家级、市级大学生的生命科学竞赛,获得佳绩。

(2)"走出去、请进来"的教学模式初步建成。依托校内的共建实验平台、校外单位的技术合作,促使学生"走出去",深入企事业单位研发技术第一线,同时将企业技术专家"请进来",大大增进了学生促就业和再深造的机会。

(3)课堂学习、课外实践、单位实习的"生态链式"人才培养模式初见端倪。2019—2020年,课程组又新增两个学生实习基地。通过与外单位、企业深度合作参与人才培养全过程,面向学科行业需求重构课程体系,毕业生备受用人单位的认可。

音乐文献阅读

袁勤(上海大学音乐学院)

课程介绍

"音乐文献阅读"是 2016 年起为音乐学院本科生开设的一门专业基础课。授课对象为音乐与舞蹈学、音乐学专业的本科生,累计选课人数约 500 名学生。课程负责人为袁勤,教学团队包括纪晔晔副教授、徐榕野老师和陈迪芸老师。

课程通过对中外经典音乐文献的研读,提升学生理解和演绎中外经典艺术作品的能力,体会中国优秀传统文化之魅力,感悟中华文化之精髓,引发学生对探究中国传统文化的兴趣,激发民族自豪感,增强文化自信。

本课程获评上海大学课程思政示范课程、上海大学重点课程。

特色与创新

(1) 将艺术实践与理论研究相结合，将专业技能学习、专业理论研究与思政建设结合。

(2) 结合时事不断更新教学内容，加强中外经典音乐文献专题研读的比例，增强内容的实时性、实践性、专业性、趣味性。如以敦煌莫高窟壁画中的乐器以及莫高窟藏经洞中发现的书卷《敦煌曲谱》为研究对象，通过对乐谱的年代来源的考证、对乐谱的研究现状梳理，在研读图谱及文本文献的基础上，力图还原古曲的原貌，并组织学生对该经典古乐作品进行排演，还原有声的古代经典文献。课外，带领学生参观东方乐器博物馆，研习敦煌古乐，对相关音乐学专家进行采访，并组织交流会分享心得体会。

(3) 采用课堂研讨、艺术表演实践和线上教学互动等相结合的教学方式，增加课程的实践性和互动性，激发学生学习和探究的积极性，增进其专业学习的主动性，促进学生人格培养。

取得成效

(1) 引导学生深入了解学术规范，树立学术诚信。提升学生理解、演绎经典作品的能力，建立对中国传统文化的高度自信，身体力行地成为传统文化的守护者和传承者。有学生表示："两次敦煌专题课程，给我的感觉都非常深刻。同学们带上乐器，从乐器形态到演奏方法，娓娓道来敦煌壁画中各类乐器的特征和发展。竹笛、琵琶、笙、打击乐，我们了解了敦煌音乐的编制，其中乐器色彩的分布非常奇妙。瑰丽的音乐，原来是这样演奏出来的。这样的壁画，这样的音乐，这样的美，我们应该好好传承并发扬光大。"

(2) 举行"敦煌之声　海派之韵"专题音乐会一场（2019 年 10 月），两次小型分享会（2020 年 10 月、11 月）。

(3) 录制课程专题"《诗经》中的音乐珍存"微课，获评上海大学第二届课程思政微课大赛二等奖，入选 2019 年度上海大学课程思政优秀教学案例。

晶体制备技术

赵岳(上海大学材料科学与工程学院)

课程介绍

"晶体制备技术"是材料科学专业的一门重要的专业选修课,侧重讲解单晶材料的制备工艺及其应用。通过本课程的学习,使学生不仅掌握单晶材料制备的基础理论、方法及相关技术,还能够了解材料制备的科学技术前沿,为后续材料专业课程学习提供坚实的理论和技术支撑;培养学生的创新观念和创新思维,向学生传递"四个自信"。本课程于2020年被认定为上海大学专业课课程思政示范课程(培育课程)。

赵岳老师自2006年讲授"晶体制备技术"课程至今,累计开设课程14年,累计授课人数已接近1 300人。课程主要面向材料学院学生,还有计算机学院、钱伟长学院以及中欧工程技术学院的部分学生。课程教学团队还包括张继军副教授、郭昀副教授。

特色与创新

（1）课程思政内容的选择和组织。挖掘思政元素并使其与专业知识相互贯通。通过引用古代文集记载的中国古代人民在晶体制备和研究成果，阐述古代中国在晶体生长和研究方面走在了世界的前列。关注国内外晶体制备的进展，及时了解国家对特色晶体的引导性政策。讲解20世纪八九十年代，我国首先研制出偏硼酸钡(BBO)、三硼酸锂(LBO)晶体等，增进学生的文化自信。

（2）多措并举的教学方法。在讲授知识点时，让学生具有参与感和获得感。采取讨论式教学方式，调动学生积极性。在课堂上由学生进行陈述，课后以小组形式收集和整理晶体制备相关的文献资料(PPT形式)，并解答由同学、老师所提出的相关问题，实现团队成员之间的有效沟通和协作。

（3）多层次多方面的教学考核评价。平时考核成绩占30%，包括三部分：本课程制作了六个思政元素相关的视频，让学生课后观看并作出反馈；课后制作的PPT文件水平以及在课堂上的演讲水平；出勤率。期末考试采用开卷考试形式，重点考查学生专业知识的掌握情况以及分析问题的能力等。

取得成效

本课程的学生评教分一直位于学院专业课的前列。每次课程结束后，老师都会让学生评价课程。有学生认为"老师以自己独特的风格上课，图文并茂，教学严谨"。也有学生建议：一些重要的内容可以在上课时找学生诵读，以便加深印象；可添加一些与课程思政相关的视频和影像资料；带领学生参观学校有关晶体制备的实验室等。

学生反馈一：我掌握了很多材料方面的知识，拓宽了眼界，丰富了阅历。赵老师生动地为我们描绘出了微观世界的神奇与奥妙，这是我们最大的收获。老师培养了我们自主学习的能力，锻炼了我们发掘知识的本领，塑造了我们艰苦奋斗的人格。

学生反馈二：绝大多数的制备技术都是别的国家发现、发明、改善的，真正属于我国的技术并没有太多。我国要成为一个技术大国、科研强国，必须要有自己的技术，不能受制于人。我们要站在前人的基础上，开展我们自己的晶体制备技术研发，真正解决我国晶体制备纯度上的问题，使我国不再依赖晶体进口。

学生反馈三：课程展示环节，通过同学相互提问交流，我的思考能力得到锻炼，同时对于课程所授知识有了更深入的了解。

学生反馈四：单晶体的观察和利用。许多自然界的晶体，都具有美丽规则的外形，如雪花。《韩诗外传》说："凡草木花多五出，雪花独六出。"根据这些记载可以看出，我国古代人民在两千多年前就观察到雪花晶体的对称性了。除了观察晶体外，古人还用了很多方法来制备晶体，但由于种种原因，未能使得晶体学获得更大的发展。所以对我们来说，要吸取前人的经验，取长补短，突破古代重人文轻理工思想的限制、传统思维的限制，挖掘古代文献中的宝库，加强交流，重视自主创新，不断推动晶体学向前发展。

学生反馈五：在半导体材料的发展方面我国是比较落后的，欧美发达国家在 20 世纪的时候已经占据领先地位，也实行了技术封锁和技术垄断。但是我国的研究人员并没有放弃，而是奋起直追，坚持研究中国自己的芯片。中华民族的精神品质是顽强的，我相信我国的半导体行业必将走向辉煌。

学生反馈六：非线性光学发展的时间较短，但已然在诸多行业得以利用，我认为相关晶体的制备和应用绝不止步于此。相信在未来，中国在这方面会引领世界的潮流。

中国民俗

常峻(上海大学国际教育学院)

课程介绍

　　"中国民俗"是一门面向汉语言专业、汉语国际教育专业的留学生开设的学科基础课,列入上海大学课程思政示范课程(2019年)建设。该课程使学生对中国的民情风习、生活习俗有深入的了解,指导学生在历史纵向发展进程中理解中国民俗的产生与发展、变化;引导学生在跨文化交际视野中进行中外文化比较,培养多元文化理解能力;增进汉语学习和文化交流,加强对中华文明的认识,培养知华、友华的国际学生,促进中国文化在世界的传播。

　　课程开设以来,将理论知识与亲身实践、体验、调查相结合,加深学生对中国文化的理解,激发学生的学习兴趣和自主学习精神。如在节日开展文化体验活动,组织学生在中秋节开展月饼DIY、画月亮的故事、写家书等,走出校园参观博物馆、开展节日调查等活动,都使学生亲身感受传统文化在中国当代生活中的传承。

　　课程负责人教研结合,主持完成上海市教育委员会科研创新项目"汉语国际教育与文化传播策略研究",撰写多篇教学论文,主持负责的"留学生中国文化实践教学的创新模式"曾获上海大学教学成果奖一等奖。

特色与创新

(1) 挖掘中国优秀传统文化,结合当代生活传承,在留学生中开展中国文化教育,以中国传统文化为吸引点,重视中国当代社会、文化,培养留学生对中国文化的热爱和全面理解,培养知华、友华的国际学生,促进中国文化在世界的传播。

(2) 在跨文化交流平台上,彰显中国文化魅力,增强中国文化自信,促进世界文化交流互鉴。

(3) 理论与实践结合,知识与亲身实践、体验、调查相结合,加深学生对中国文化的理解,激发学生学习兴趣,提升学生自主学习能力。

取得成效

(1) 修订教学大纲,挖掘优秀中国传统文化内涵,凝练育人元素;进行课程考核方式改革,由原来单一的闭卷考试改为闭卷、开卷、调研报告多元的考核方式;用好超星平台、微信课程群,采取"翻转课堂"教学,将图片、视频、课件等在课前发布,激励学生自主学习。组织的公开课教学得到媒体报道。

(2) 参加学校组织的近 20 次课程思政课工作坊、交流研讨会、公开课等。发表相关教学论文《"非遗"保护理念在汉语国际教育中的传播与应用》(第一作者)、《试论汉语国际教育课堂中的节气文化教学》(第一作者);指导一名汉语国际教育专业硕士生获得全国高校汉语国际教育技能大赛二等奖及教案奖(2019年12月18日由北京语言大学汉语国际教育学部主办)。

学生评价

JINNAPATTAEWIROON:"中国民俗"是一门非常让人感兴趣的课程,民俗和我们身边的很多事物都是息息相关的。通过这学期学习,我对中国民俗文化的了解更进了一步。我知道了中国存在着这么博大精深的文化,各个民族都有着极具特色的文化。

法律语言学

王骞（上海大学外国语学院）

课程介绍

"法律语言学"是一门为英语系高年级学生所开设的专业选修课，旨在传授基本的法律语言学理论知识，提高学生法律英语的应用能力及培养学生的思辨能力和自学能力，从政治认同、国家意识、文化自信和公民人格等方面用正能量引导学生。课程结合文本作者甄别、遗嘱意义鉴别和法律翻译谬误等系列和语言相关的真实司法案例，让学生切身领悟司法公正与效率、社会公平与正义。

特色与创新

（1）"新文科"建设背景下，外语学科和法学学科的融合。随着我国对外贸易的不断扩大，国家地位持续提升，"外语＋专业"的复合型人才更加符合社会发展的需求，其中也包括"外语＋法学"。课程"法律语言学"正是在此背景下开设的。

（2）"课程思政"建设背景下，思政元素与专业教学的融合。在课程中传授法律语言学知识，培养学生的思辨能力和自学能力，通过法律文本的研究、法律文书的起草、法律文件的翻译，在语言的司法实践中融入社会主义核心价值观，使学生领悟公平与正义。

（3）"一流课程"建设背景下，整体课程设计与"两性一度"相融合。法律语言学整体课程的创新性体现在三个方面：一是课程内容有前沿性和时代性。二是教学形式体现先进性和互动性。三是学习结果具有探究性和个性化。课程设计以学生为中心，以教师为主导，注重过程性考核（课堂讨论，小组合作研究、PPT 演示等占总成绩的 50%），又具有一定的高阶性和挑战度。

（4）"互联网＋"背景下，教育信息技术与线下教学的融合。采取线上和线下相结合，要求学生课前阅读和观看教师已上传到"学习通"的案例、PPT 和相关视频，并做好笔记；课中教师结合案例讲解法律语言学知识，学生思考、讨论和总结，整个过程注重对社会主义核心价值观的引领；课后布置作业并上传至"学习通"，重视课外的主题拓展阅读。

取得成效

（1）引导学生更好地掌握前沿理论知识。2019—2020 年，教师曾三次开设面向全校的公开课。学生反馈如下：

19123742：这节课不仅增强了同学对于法律的认知和理解，更培养了同学的英语表达和思辨能力。

18123970：通过形形色色的案例，有趣又生动地带领我们研究和探讨语言的作用，让我们有更多自主思考表达的机会，拓宽了我们的知识面。

17123673：老师讲到了"抄袭"内容，真正将语言学理论融入抄袭的实际鉴别当中。这一主题对于我们有很好的警示作用。

（2）培养学生的思辨能力，提升其研究能力。作为一门在"新文科"背景下，语言学与法学融合的崭新课程，重在探索立法、司法和执法等一切法律活动中所使用的语言特征及方式，其最突出的特点就是应用性和跨学科性。要解决复杂的法律语言问题往往需要多种技能和综合知识互相配合，问题的答案以开放性为主。

（3）提升学生综合人文素养，引领其形成正确的价值观。通过此课程的学习，提升学生运用法律英语的能力，进而提升其综合人文素养。通过小组合作、探究、讨论和表达，使学生具备较强的团队协作精神和良好沟通能力。通过具体鲜活的法律语言学案例使学生深入理解"公平、正义、法治、爱国、敬业、自由、平等、诚信"等含义，引领学生形成正确的世界观、价值观和人生观。

（4）本课程已获 2021 年度上海市教育科学研究一般项目立项——大中小学外语"课程思政"一体化的协同育人模式研究(项目编号：C2021182)。

机械设计基础 A(1)

翟宇毅(上海大学机械工程与自动化学院)

课程介绍

"机械设计基础"课程从吸收古代到现代中外多种机械设计案例入手,有效组织教学改革,受到学生认可。

翟宇毅老师自 2006 年起讲授"机械设计基础"课程,2011 年她和刘吉成老师共同讲授"机械设计基础"课程,授课对象为精密机械系的测控技术与仪器专业本科生,累计授课学生 560 余人。

特色与创新

本课程旨在转变教育思想观念,改革机械类本科生创新思维培养机制,强化实践演练,注重创新课程培养体系。

(1) 在专业课里融入中国经验、中国模式和中国创新,注重综合运用所学机械原理、机械设计的原理与方法,注重作品原理、功能、结构上的中国元素和中国创新。

(2) 在传授课程知识同时,帮助学生树立正确价值观,鼓励学生充满热情,发挥创造力,珍惜人生中最好的大学时光,追梦奋斗。

(3) 采取启发式手段,引导学生批判性思考,建立多方面创新平台。一是建立适于机械设计、系统设计及自动化方法应用,又与学生个性化特长、兴趣及学生对机构认知需求相适应的多层级的学习研究平台;二是构建传统课程与思政课程理念互相融合的课程平台,教育学生先做人后做事;三培育科研思维,训练学生冷静、淡定,训练学生的逻辑思维,帮助学生提高阅读、整合、分析、创新等能力。

取得成效

学生从国家战略高度理解了中国为什么要大力发展中国制造。新时代,中国要以科技创新催生新发展动能,实现高质量发展,就必须依靠创新驱动的内涵型增长,大力提升自主创新能力,尽快突破关键核心技术。

学生反馈:通过老师的讲解,了解了上下五千年中华文化的深厚底蕴。中国古代遗留下来了许多奇妙的机械系统。我看到了中国古代春秋时期能工巧匠鲁班所发明的云梯车;看到了三国时代诸葛亮发明的木牛流马和诸葛弩;看到了北宋初年苏颂、张思训等天文学家改进的自动报时的水运仪象台。通过"机械设计基础"课的学习,我更加深刻理解专业、热爱专业。我为自己能在未来成为中国自己的设计师而自豪!

理 论 力 学

楚海建（上海大学力学与工程科学学院）

课程介绍

"理论力学"是力学、机械、土木、水利、交通、航空航天等相关工科专业的学科基础课程，主要研究物体机械运动的一般规律及其应用，涵盖静力学、运动学和动力学三个部分。课程理念为"探索万物运动之规律，奠定工程技术之基础"。

通过课程学习，使学生掌握质点、质点系、刚体和刚体系运动（包括平衡）与受力的关系，为学习相关的后续课程以及将来学习和掌握新的科学技术打好必要的基础；使学生初步学会应用"理论力学"的知识和方法分析、解决工程实际中的力学问题。通过本课程的学习，可以培养学生如下能力：掌握机械运动的基本概念与基本规律,夯实专业基础,培养学生的逻辑思维和创新思维,提高科学素养;掌握应用基本规律解决问题的基本方法,初步具备解决实际工程的能力;结合工程实例,通过物理建模、力学建模、模型计算、分析结果、再返回工程实践的过程训练,培养学习解决实际工程问题的综合能力。

本课程主讲教师还有陈立群教授、马杭教授、朱卫平教授、任九生教授、周全教授、代钦教授、江进武教授等十余位教师。其中,陈立群教授是国家"万人计划"教学名师,长江学者、国家杰出青年基金获得者;周全教授是国家杰出青年基金获得者;江进武教授为国家优秀青年基金获得者。

特色与创新

力学打开了人类认识自然、改造自然的大门,上自宇宙演化,下至生命起源,力学无处不在。在人类面对星辰大海,不断探索与扩展认知边界的过程中,诸如深海探测、嫦娥工程、火星探测等,力学从未缺席。理论力学讲述力与运动的关系,是开展上述一切科学活动与工程实践的基础之一。本课程具有如下特色:

(1) 认识客观规律,倡导科学精神。从物体运动角度来看,所谓道法自然,即为力学之道。基于天才的创造与科学实验,形成了认识物体运动规律的完备的理论体系。经典力学的创立过程,汇聚了历史上天才级的科学巨匠,包括伽利略、牛顿、欧拉等,逐渐形成了基于好奇心驱使的伟大的科学精神。科学精神成为驱动人类社会不断进步的动力。在建设创新型国家的背景下,科学精神与创新精神正是时代所需。

(2) 结合工程实际,倡导实践精神。无论是"高峡出平湖"的三峡大坝,还是一座座横跨天堑的大桥;无论是飞驰的高速列车,还是嫦娥奔月的飞天梦想;无论是乘风破浪的航空母舰,还是鹰击长空的歼-20,都与力学密不可分。通过探索、提炼国家重大工程问题中的力学问题,拓展课程的应用场景与学生视野,在倡导学以致用的同时,增强学生的社会责任感。

(3) 结合历史沿革,倡导家国情怀。钱学森、郭永怀、钱伟长、周培源是中国近现代力学奠基人,为国家的教育事业与国防事业作出了巨大的贡献。通过老一代力学人生命不息、奋斗不止、报效祖国的爱国故事,弘扬伟大的爱国主义精神。

(4) 通过"工程实例—力学建模—结果分析—延伸拓展",培养学生综合分析问题的能力。课程注重研究型挑战性教学,影响实际工程问题的因素有很多,如何在力学建模过程中抓住主要矛盾往往需要经验的不断积累;科学结论都有适用的边界,改变初始或边界条件会带来怎么样的变化,需要在延伸拓展中不断探讨,强化对科学边界的敏感与认知。

取得成效

(1) 课程组完善了教学资料,修订完成了课程思政理念的教学大纲,撰写了体现课程思政特点的教学案例,举行了专业基础课课程思政公开课,并作了微课教学展示。

(2) 举办了思政教学研讨会,积极参加学校课程思政工作坊、沙龙和研讨会、公开课观摩等,发表两篇教学论文。

(3) 积极开展线上线下教学实践,完成本课程的视频录制,充分利用校园网教学平台和公共网 B 站。B 站累计观看量达 5.5 万余人次。

(4) 通过对专业知识的精耕细作,提升学生学习兴趣,使其更好地掌握理论力学的相关基本理论与方法;通过思政元素的有机融入,增强学生的民族自豪感、使命感和社会责任感,激发学生的学习动力。

电路与电子线路基础(2)

严佩敏、曾丹、金彦亮、张之江、张雪凡、沈昶宏、颜锦奎、张俊杰(上海大学通信与信息工程学院)

课程介绍

本课程以电路分析为基础,全面系统地学习模拟电路的基本原理、分析方法和实际电路应用,结合思想政治教育元素,融会贯通,能根据要求设计并实现电路功能。在学习过程中通过课程项目来培养学生解决实际电路问题的实践能力、团队合作能力与沟通能力,初步了解国外电子线路的动态发展,为进一步学习后续专业课程打下良好的基础。

课程结合我国电子行业的实际情况,与时俱进,突出以课程项目为课程理论联系实际的桥梁,注重基础,强调能力,以理论教学、实践教学、科学研究三元一体的教学模式,以项目带动教学,培养学生分析问题、解决问题的能力。建立课外课程项目体系、构建合适的教学框架,将课程的复杂性、应用性贯穿理论教学和实际课程项目,提高学生工程意识、团队协作精神和创新精神等综合能力,让学生在实践中获得真知,在实践探索中培养创新意识、创新能力。

本课程入选 2021 年度上海大学校级课程思政示范课程培育项目。

特色与创新

(1) 课程专业师资团队,整体实力强。课程集结上海大学通信学院 8 位骨干教师,师资力量强大。8 位教师中有 2 位教授、3 位副教授。团队教师教学经验丰富,教学效果出色。

(2) 增设课程项目,加强学习理论知识的实践环节。学生自主组建团队,自由选择业余时间完成课外项目。本学期加入了三个课程项目:一是音频电平对数指示器,功能为设计电路对声音进行对数变换,压缩动态范围;二是温度电流转换器,功能为设计电路实现电流传输方式,把温度的变化转换成电流的变化;三是红外线感应报警器,功能为设计电路实现当物体靠近报警器时,报警器发出报警声。通过课程项目,激发学生的学习兴趣。课程项目的设计内容以功能和性能描述为主,为学生留出充分的思考空间。

(3) 课堂教学与课外项目结合并互补,促使学生由被动听课变为主动发言,逐步加深对知识点的理解,融会贯通。任课教师结合实际电路,通过理论分析,帮助学生更好地掌握基础理论知识。例如教师在讲授分压式偏置电路合理选取工作点的知识点时,先让同学们在课外项目中搭建此类电路,尝试用各种可能的办法调试,然后教师在课堂上分析各类方法的优劣,开展启发式授课,使学生更好地掌握有关概念等。

取得成效

(1) 课程在课程思政建设方面,坚持社会主义核心价值观,结合我国电子行业的实际情况,与时俱进,突出以课程项目为课程理论联系实际的桥梁,注重基础,强调能力。通过理性分析与感性认识结合,以项目带动教学,让学生在实践探索中培养创新意识、工程意识、团队合作意识。

(2) 课程采用平时 10%、课外设计 30%、期末考试 60% 的评价体系。课程秉承学以致用的理念,通过实验、实训和实践等操作有效地锻炼了学生的工程技能;以理论学习为载体,与实验实训相结合,构建学生的工程伦理意识,领会到本学科有别于其他学科的学习方法和学科特点,使学生产生浓厚的学习兴趣。

(3) 课程培养学生树立正确的学习思想,引导学生认真学习、思考,促进学生由被动听讲变成主动发言,逐步加深对所学专业知识的理解。任课教师结合实际电路,通过理论分析,帮助学生更好地掌握基础理论知识,大大提高学生的课堂主动性。

综合素养课程

微 积 分

杨建生等(上海大学理学院)

课程介绍

"微积分"是上海高校课程思政精品改革领航课程,也是理工类、经管类等专业的基础课程。课程由极限论、单变量微积分学、级数与常微分方程、多变量微积分学四大部分组成。极限论部分包括变量与函数,极限与连续,连续函数以及闭区间上的连续函数的性质。单变量微积分学包括导数与微分,微积分学的基本定理及其应用,不定积分、定积分及其应用。级数与常微分方程中含常数项级数、函数项级数、傅立叶级数和傅立叶变换;可分离变量微分方程、齐次微分方程、线性微分方程、高阶微分方程等。多变量微积分学中含多元函数的极限与连续、偏导数和全微分、极值和条件极值、隐函数定理与函数相关,含参变量的积分和广义积分、多重积分及其应用、曲线积分、曲面积分以及场论初步。

团队由"宝钢优秀教师"杨建生教授领衔,团队成员包含张红莲、高楠、刘东杰、徐姿等中青年教师 40 余人，其中教授 12 人、副教授 21 人，女教师占比 70%。课程团队先后获得上海大学"三八红旗集体"、上海市教育系统"三八红旗集体"、上海市"三八红旗集体"等荣誉。

思政特色与创新

按照教育部印发的《高等学校课程思政建设指导纲要》，结合理工类、经管类专业特点以及"微积分"课程的教学规律，在教学中将思想政治教育元素，包括思想政治教育的理论知识、价值理念以及精神追求等有机融入，潜移默化地引导学生学会用正确的立场、观点和方法分析问题，把学习、观察、实践同思考紧密结合起来，养成历史思维、辩证思维、系统思维和创新思维，达到润物无声的育人效果。

取得实效

（1）融入数学文化，注重挖掘数学家思想的影响、数学与教育、数学与社会、数学与各种文化之间的关系。如根据中国科学与数学发展的历史，梳理、挖掘中国在世界数学发展中的贡献，阐述祖冲之、刘徽等中国古代数学家早期的微积分思想，同时阐述华罗庚、苏步青等老一辈数学家在中国现代科学、数学发展中的贡献。

（2）以价值塑造为课程基石。强调家国情怀——爱国主义、中国文明和服务国家、地方建设信念；培育科学素养——科学精神、数学思想、数学思维、数学方法论；注重国际视野——数学发展、数学国际合作、微积分发展过程；体现职业规范——科学伦理、学术规范、学科规范。

（3）以能力培养为课程宗旨。落实学生服务国家能力——社会发展中数学问题的分析、研究及解决；提升学生专业基本能力——数学方法、数学理论、数学逻辑和分析、归纳等；培养学生理论应用能力——数学建模、对策优化、数值计算、数据分析等；夯实学生理论方法能力——极限、微分、积分、几何、微分方程、级数理论。

（4）以重构课程知识为依托。优化课程知识体系——以教育数学思想为指导，重构极限、连续、导数、微分、积分、方程、级数等知识；注重微积分思想方法——以数学思想和数学素养培养为宗旨,讲解微积分基本方法:求极限、求导数、求积分、方程求解、级数求和等;贯通数学建模方法与思想——通过实际应用问题,如传染病、航天、编码方法等阐述数学建模方法,优化思想;通过航天、导弹追击、人口增长、传染病模型等,介绍微分方程的基本思想、基本方法、基本理论;通过疫情模型研究,阐述基础学科在国家发展中作用;通过中外防疫模式分析,阐述中国发展的优越性和国家发展的必要性。

科 技 与 伦 理

周丽昀(上海大学马克思主义学院)

课程介绍

"科技与伦理"为面向全校本科生的核心通识课程,也是学校首批课程思政示范课程,入选上海高校首批课程思政优秀教学案例。课程积极呈现科技发展向人类提出的重大伦理问题,如基因编辑、人工智能、大数据……启发学生思考"科学技术能做什么"与"科学技术应做什么"之间的关系。课程架设科学与人文间桥梁,从历史纵深瞻望未来发展,引导学生明了科技向善、以人为本,认同中国为实现科技强国作出的战略抉择。团队已出版教材《科技与伦理的世纪博弈》。

思政特色与创新

（1）作为一门哲学与理工类学科交叉的综合素养课，课程从知识传授层面，帮助学生掌握马克思主义科学技术观，从历史与现实、理论与实践等维度阐释习近平新时代中国特色社会主义思想；从价值引领层面，培养学生探索未知、追求真理的责任感和使命感，培养精益求精的工匠精神，激发学生科技报国的家国情怀和使命担当；从能力培养方面，注重科学思维方法的训练和科学伦理、工程伦理的教育，培养学生人文素养与创新能力。

（2）"科技与伦理"以新一轮科技革命为背景，以科学技术与道德伦理的关系为对象，主要围绕两个大问题展开：一是探讨科学技术是否是价值中立的，科技的研究和应用有无禁区；二是探讨科技的应用引发的各种伦理问题。根据科技伦理的内在逻辑和问题域划分专题，分别为绪论（科技与伦理的互动）、生命伦理、网络伦理、环境伦理、设计伦理、人工智能伦理、大数据伦理、责任伦理和科研伦理等，将思政元素有机融入各模块内容中，以启发学生思考如何更好地让科学技术为人类造福，如何科技兴国。

（3）课程通过组织"是否可定制完美婴儿"等主题辩论赛，结合案例分析以及观看《逃离克隆岛》《千钧一发》等科幻电影，对生与死、善与恶等问题进行探讨，反思科学技术与人类未来的关系，培养学生的人文情怀；通过"我的家乡美不美"活动，让学生调研家乡环境并进行课堂分享，使学生掌握建设生态文明，实现人与自然和谐发展的必要性；结合"绿水青山就是金山银山"，提出践行环保，实现可持续发展的路径；通过让学生自检作业规范等课后安排，开展课堂分享，给予学生学术操守的警示，使学生恪守学术道德，树立科学精神，遵守学术规范，营造诚实守信、追求真理、崇尚创新的良好氛围。

取得成效

（1）课程做到理论和实践相结合，历史和逻辑相一致。通过与时俱进的科技发展与伦理建构，引领不同专业的学生思考科技应用引发的伦理问题，如基因编辑婴儿的后果、数字遗产继承的法律困境、无人驾驶的法律困境、责任伦理与负责任创新、科研诚信与学术不端等，强化科学伦理教育。课程紧扣时代脉搏，体现开放性和前沿性。及时引入人工智能伦理、大数据伦理等前沿问题作为教学内容,让学生体验挑战性、研究型学习带来的乐趣。课程注重知识传授、价值引领和能力培养的统一。课程设计既具全球视野,又有中国方案;既有西方科技伦理观的引介,更有马克思主义理论的精髓;在教学环节中注重学生自主学习能力和创新能力的培养。

（2）课程紧跟科技前沿,引入马克思主义的科学技术观与科技伦理思想,让学生了解到科技向善需要伦理的规范;通过伦理反思,使学生审慎对待科学技术的发展,更加具有人文情怀,培养学生的使命感与责任感,激发学生科技报国的家国情怀和使命担当。激发学生探索未知的兴趣,更好地理解人与自然、人与技术的关系,加强对构建人类命运共同体的理解,从而锤炼创新能力,培育科学精神。

（3）在教学环节中,体现全链条全过程育人要素的结合,分别为教师主讲与学生自学、团队教学与小组讨论、理论学习和实践考察、课前阅读经典和课中研讨互动及课后项目践行等。

光　影　中　国

程波、刘海波、张斌、徐文明、齐伟（上海大学上海电影学院）

课程介绍

"光影中国"为上海大学人文经典与文化传承（校本"一院一大课"之"红色传承"系列）课程，入选2021年度上海大学课程思政示范课程。课程3个学分，以"光影中国"为核心，通过电影中的空间、时间、人物、色彩、声音、场景、过去与未来等元素，来反映"光影"中的"中国"发展历程。

课程注重知识性和趣味性相结合，以中国电影为载体，辅以多媒体等先进教学手段，从十个专题着手构建课程内容。通过十个专题展示不同的"个体梦"与"中国梦"的故事，直观反映中国在政治、经济、文化以及精神面貌上的巨大变化，表现一个拥有五千年文化底蕴大国的崛起与魅力，展现民族复兴的"中国梦"。

通过课程教学,进一步开阔学生的视野,培养学生认识、分析问题的综合能力,全面提升学生的艺术人文素养,涵养爱国主义情怀。课程让党史教育既有"颜值"又有"言值",把红色基因无痕深植于学生心中。

课程采取"项链模式",上海大学上海电影学院程波、刘海波、张斌、徐文明、齐伟五名优秀师资联袂主讲,邀请电影业界嘉宾助讲,线下线上师生互动。课程开设后,"学习强国"平台、光明网、人民网、中新网、《解放日报》、《文汇报》、"第一教育"等媒体对课程进行密集报道。课程主持人程波教授获得上海市育才奖(2020),课程入选上海大学2021年度课程思政示范课程、上海大学党史学习教育与课程相融合示范课程、全国高校党史类课程联盟首批成员。

思政特色与创新

(1) 课程师资团队专业,整体实力强。课程集结上海电影学院5位骨干教师,师资力量强大。5位教师中有3位教授、2位副教授,4人担任博士生导师。团队教师长期从事电影文化研究、教学与创作,教学经验丰富,教学效果出色。除教师主讲外,课程还邀请相关编剧、导演、表演、摄影、美术、制作、音乐等专业的教师及电影业界创作人员走进课堂参与相关教学活动。

(2) 课程内容含金量高,丰富多彩。课程团队重视课程内容规划,团队经过精心研讨组织,最终精选十个精彩专题。每个专题内容丰富,既各有侧重,又紧扣课程主题。十个单元构成一个互相补充的整体,全方位展现"光影中国"的风采。

(3) 课程教学形式创新、生动有活力。课程采用多位教师集体授课形式,教学手段多样,采用知识讲授、影片观摩和情境再现等多样化方式,融思想性、知识性、启发性、观赏性于一体。课程与学生互动性强,教学效果优秀。课程充分利用现代教学技术,除课堂讲授外、课程还利用超星线上课程平台,线下线上结合,形式新颖,互动性强,突出价值引领,把爱国主义精神深植学生心中。

取得成效

(1) 课程紧密围绕"光影中国",通过优秀影片反映"光影"中的"中国"发展历程,突出党史、新中国史、改革开放史和社会主义发展史,成功引领学生在影片观摩和历史理论阐释中寻找中国文化脉络,探索中华文化精神与中华民族复兴之路。

（2）课程组成员结合课程内容,录制完成了"光影中国"在线课程视频,视频资源在"学堂在线"和"超星尔雅"平台发布。课程教师团队出版与课程配套的原创教材《光影中国》。

（3）课程采取线下线上相结合,教学形式新颖,互动性强,突出学生综合素质提升与价值引领,课程获得学生和社会各界广泛好评。学生对课程满意度高。学习强国与《解放日报》《光明日报》《文汇报》等媒体多次对课程进行报道。

学生反馈

金融系大三学生潘文宇：电影的历史与中国的历史有着密切的联系,电影这种载体作为一种综合艺术能够更好地把众多艺术形式以光影的效果呈现出来,可以让人从很多角度理解现实、人生和历史。

中国"芯"路

张建华、路秀真、刘成、李浩源、辛涵申、董渊、钟其泽、郑少南、胡挺、杨旭勇、殷录桥、郭爱英、任开琳、梁洁(上海大学微电子学院)

课程介绍

"中国'芯'路"为上海大学"中国系列"思政选修课程之一,课程为 3 个学分,以集成电路芯片技术发展历程为核心,通过对集成电路芯片制造过程中各个技术及其应用,包括纳米制程、集成电路设计、光刻技术、镀膜级刻蚀技术、MEMs 技术、集成光子技术、新型显示技术、汽车电子技术及发展等的描述,反映中国集成电路芯片技术与产业的发展历程。

课程注重知识性和趣味性相结合,以芯片技术为载体,辅之以多媒体等先进教学手段,从九个专题着手构建课程内容。通过对九个不同芯片技术与产业发展历程的阐述，展示中国在集成电路芯片技术发展过程中经历的"芯"路历程，同时阐明当前形势下，中国集成电路芯片技术面临的"卡脖子"问题。通过课程教学激发学生对集成电路芯片的兴趣；培养学生对集成电路芯片产业的整体了解和分析能力；充分认识中国集成电路芯片的发展历程；了解新中国成立以来中国在集成电路芯片技术发展上取得的成就和面临的挑战，从加深对科技兴国的理解。

课程采取问题导向设计法，围绕着身边悄然改变我们生活方式的电脑、手机、自动驾驶……启发学生思考：如何关注它们的大脑——集成电路芯片是如何一直默默帮我们完成了计算、存储、感知、显示等各项工作的？芯片究竟是什么？它从何而来，如何完成纷繁复杂的工作？沙子如何实现华丽转身，成为"本领"强大的集成电路芯片？世界集成电路的发展历程以及现今集成电路产业版图是如何"诸侯"分治的？集成电路芯片的"卡脖子"之痛在哪里？集成电路芯片在光传输、智能汽车、新型显示等方面的独特作用与应用如何体现？中国的芯片发展之路在世界芯片发展轨迹上留下了何种痕迹？

思政特色与创新

（1）课程配置专业师资团队，整体实力强。课程集结上海微电子学院14位骨干教师，师资力量强大。14位教师中有6位教授，4位副教授，其中8人担任博士生导师。团队教师长期从事集成电路相关研究，70%以上的教师具有海外留学或工作的背景，三分之一以上的教师具有企业工作经历。除教师主讲外，课程还邀请了集成电路领域院士、知名教授和企业高级技术人员走进课堂参与相关教学活动。

（2）课程主要采用专题教学。各专题既独立成篇，又相互关联，构成集成电路芯片制造与发展的完整体系，不仅涵盖了集成电路芯片制造的全产业链环节，还包括特色芯片专题，包括MEMs芯片、集成硅光子芯片、新型显示芯片、汽车芯片等，从不同维度向学生展示了"中国芯路"的成就与挑战。

（3）课程教学形式创新。课程采用多位教师集体授课形式，并邀请业界著名科学家和企业精英从科学技术、产业发展、知识产权布局等多种角度，采用视频展示、问题分析与分组讨论、线上线下相结合的方式，激发学生的学习兴趣，引发共鸣，把爱国主义精神深植学生心中。

取得成效

（1）课程紧密围绕"中国芯路"，从芯片技术的方方面面展示了中国集成电路芯片产业发展的历程，突出新中国史、改革开放史和社会主义发展史，成功引领学生在知识学习和技术探索中领悟科技兴国的重要性，也通过对当前集成电路"卡脖子"关键技术问题的描述，激发学生的爱国情怀。

（2）课程内容丰富，契合当下中国集成电路产业面临的问题，同时也通过集成电路芯片发展史展示新中国成立以来在产业发展上取得的成就，展现老一辈科学家为中国集成电路产业发展作出的无私奉献，将自然科学问题、产业技术问题和爱国主义教育有机结合，获得了学生的广泛好评。"学习强国"与《光明日报》《文汇报》等媒体报道了本课程。

新开发专业素养课程

中国纪录片导演

赵为学、孙澄（上海大学新闻传播学院）

课程介绍

本课程为上海大学新闻传播学院基于联合大作业工作室人才培养机制，集全院之力，携手校外名师资源，联合创新创制的"传媒名师面对面系列课程"的第一门课程。课程为3个学分。这是一门按照纪录片创作全流程开发设计的实用性、体系性很强的高端课程。"中国纪录片导演"（一）与（二），为期20周，贯穿冬季学期与春季学期。每周一讲，从纪录片的视野与储备、选题与策划、采访与拍摄、结构与叙事、艺术与技术到文化与修养，20位中国杰出纪录片导演与课程负责老师赵为学、孙澄一起，向学生们系统性地讲解纪录片知识，分享他们丰富的创作经验和艺术阅历。

本课程是中国高校对话式互动大讲堂授课方式的首次尝试。课程立足全学院本科生、研究生，辐射院外、校外。中央电视台原副台长高峰教授作为主持人，邀集全国范围最具代表性的童宁、时间等20余位纪录片导演、制作人,以对谈、讲授、演示的方式面对面授课,力争体现中国纪录片发展、研究的知识谱系。课程团队组织人力物力进行纪录片口述史采制、拍摄和创作,在架构课程的同时,构建中国纪录片口述史工程以及配套延伸性著作和延伸性研究。课程引起教育界、学术界、纪录片界等广泛关注。中央级媒体赞誉本课程是"以课为旗,共话纪录片中国学派"。新华社、人民日报、澎湃新闻等媒体对课程进行了报道。

思政特色与创新

(1)"中国纪录片导演"课程和与之配套的中国纪录片口述史工程,追踪中国纪录片的发展历程和艺术经验。课程与口述史都从专业领域反映中国共产党领导下的新中国,特别是改革开放以来的发展历程,生动体现和聚焦红色文化传承;成功引领学生在纪录片学习和历史理论阐释中寻找中国文化脉络,探索中华文化精神与中华民族复兴之路。

(2)本课程是中国第一次齐集20多位最具有代表性的纪录片导演、制片人,以面对面访谈的方式进行授课的探索。这20多位导演、制片人都是专业领域的扛鼎人物。上海大学融媒体影像艺术科学院院长、中国电视艺术家协会纪录片学术委员会会长、中央电视台原副台长高峰教授作为领衔主讲人,与20余位导演、制片人对谈。

(3)课程体系性强、学术性高、针对性好。课程团队重视课程内容规划,团队经过精心研讨组织,反复打磨,确定了"视野与储备、选题与策划、采访与拍摄、结构与叙事、艺术与技术、文化与修养"六大板块,包含纪录片创作与纪录片文化的方方面面,全方位讲授纪录片艺术经纬。

(4)课程与中国纪录片口述史采制相辅相成、相得益彰。在专业名师和学院教师指导下,对授课专家和中国纪录片著名导演、历史亲历者、研究者进行口述采访拍摄。在口述中追溯中国纪录片发展的历史过程、保存和整理历史史料。口述史拍摄是课程的延伸和深化,课程为口述史拍摄提供了前期准备、理论思考和底蕴。

取得成效

(1)作为互动式大课堂,"中国纪录片导演"以中国为名,在国际传播视野下,关照和总结改革开放以来的中国纪录片创作经验,提出"纪录片中国学派"的概念,以课为旗,力图通过"纪录片中国学派"的作为,在提升国际传播能力上强势破题。"纪录片中国学派"的提出,不是简单的学术流派指称,而是多样性建设的任务。20讲内容涉及对"什么是中国纪录片""中国纪录片记录什么""中国纪录片怎么记录"这三个重要课题的思考和讲解,内蕴价值引领,触动学生思考。

(2)课程线下线上结合,校内校外互动,课堂讲授与口述史相互延伸,突出学生综合素质提升与价值引领,获得学生和社会各界广泛好评。复旦大学、上海交通大学、上海师范大学等高校的学生老师慕名前来听课。学生对课程满意度高。新华社、《人民日报》、澎湃新闻等媒体对课程进行了多次跟踪报道,中央级媒体以"以课为旗"对课程作了积极评价。

课程思政试点课程教学设计(选编)

2017年,为贯彻落实全国高校思想政治工作会议精神,充分发挥课堂主渠道在高校思想政治工作中的作用,使各类课程与思政课同向同行,形成协同效应,根据中共中央、国务院《关于加强和改进新形势下高校思想政治工作的意见》和中共上海市教育卫生工作委员会、上海市教育委员会《关于推进上海高校课程思政教育教学改革试点工作的通知》等文件要求,落实中共上海大学委员会《关于加强和改进新形势下高校思想政治工作意见》精神的工作方案,全面推动上海大学课程思政教育教学改革试点工作,学校选取70门课程,其中包括5门思想政治理论课(1门为示范课)、5门"中国系列"之"大国方略"系列课程、33门通识教育核心课程、27门"一院一课"之综合素养课程(14门)和专业课程(13门)。这些课程围绕"知识传授"与"价值引领"相结合的课程目标,构建"显性教育"与"隐性教育"相结合的课程内容体系。各院系挖掘专业课程的德育内涵和元素,以"隐形嵌入"的方式将思想引导融入教学。课程在知识传授的过程中注重价值引领,同时做好育人教学内容设计、方法设计,修订人才培养目标和教学大纲,调整教学评价体系,从单一专业认知考量延伸至人文素质、科学精神及社会责任感等多维度评价。

管理思维与方法

许学国、费红英、王海花等(上海大学管理学院)
课程性质　核心通识课
案例主题　企业发展与创新型国家建设
所属章节　企业竞争战略与发展战略

思政元素

通过分析百度公司的新产品开发和多元化战略,理解我国企业的发展与国家发展战略以及十九大报告中相关内容的契合性,分析我国企业在创新发展过程中应该如何与国外相关企业进行合作,了解企业采用多元化战略能够带来哪些好处和可能存在的风险。

案例描述

2017年11月16日,以"Bring AI to Life"为主题的2017百度世界大会在北京举行。大会上,百度创始人李彦宏发表了主题演讲。他宣布,百度将在2018年7月底率先推出无人驾驶量产车,这一时间将比业界普遍认为的无人车量产时间提前两年。据悉,该款量产车为百度阿波罗与金龙客车合作生产的无人驾驶小巴,名为"阿波龙"。另外,2019—2020年,百度将与江淮汽车、北汽集团、奇瑞汽车共同推出无人车。据悉,目前搭载了百度阿波罗系统的无人扫地车已经在北京的奥林匹克森林公园开展工作。

同时,李彦宏介绍了目前百度的智能汽车开放平台——Apollo(阿波罗)已经有6 000多个开发者在使用,其中有1 700多个合作伙伴加入了阿波罗的项目,有超过100个合作伙伴申请获取Apollo的开放数据。阿波罗已经成为一个活跃的开放系统。在演讲的同时,百度语音识别系统也在现场实时展示语音识别的内容,在会场的环境下,识别内容与演讲内容基本一致。此外,李彦宏与场外在Apollo驾驶室里的司机进行实时互动,展示Apollo系统对疲劳驾驶的识别和处理。每当司机因为疲劳而打瞌睡、低头的时候,系统就会开启语音提示,并且播放音乐给司机提神,即使司机佩戴墨镜也可以识别。

其实,这早已不是百度第一次进行多元化尝试。李彦宏曾经说过,他的成功源于专注。但是随着公司体量越来越大,他们原有的业务瓶颈或者说天花板就变得很难突破,随后他这种很专注的人也被迫实行集团多元化。以搜索起家的百度公司,目前已经涉及互联网金融、外卖和影业等多项业务。

思考与讨论:

根据上述案例中提供的资料和信息,从我国企业在创新型国家建设和实施创新驱动发展战略的视角进行思考,并讨论我国企业在进行创新发展和转型过程中面临的问题以及应对策略。

(1)百度公司对于新产品的开发是如何体现我国建设创新型国家和实施创新驱动发展战略的目标的?

(2)你认为像百度公司这样的企业在新产品开发的过程中如何实现与国外企业的合作?

(3)百度进军无人驾驶领域等多元化战略能够给百度带来哪些好处?百度

应该如何平衡所涉及的多项业务与其传统的搜索业务之间的关系?

（4）百度在实施多元化战略时面临的主要风险有哪些？应该如何避免或减少这些风险？

教学设计

在案例讨论前一周将案例材料发给同学，用以开展资料收集和案例分析；案例汇报当周，将学生分成小组，2—3个小组之间进行讨论，然后推选出同学代表进行案例讨论结果的汇报；案例总结。

实施效果

学生对如何从企业的视角推动我国创新型国家建设和实施创新驱动发展战略有了一定的认识和理解，并且能够根据课堂讲授的企业竞争战略和发展战略等知识点进行分析与讨论。

教学反思

未来需要改进和完善的地方：在案例讨论环节增加辩论赛等形式，以进一步激发学生的参与积极性；在教学案例设计环节，增加不同企业之间的比较分析，以讨论相关策略的适用情境和边界条件等。

爱情心理密码

陆瑜芳(上海大学经济学院)

课程性质 核心通识课

案例主题 "红色爱情"中的心理密码

所属章节 第二章 爱情心理理论,第四章 中外爱情(包括红色爱情)描述

思政元素

在"爱情心理密码"公开课基础上,将通识教育与课程思政相结合,在教学中帮助当代大学生感受革命前辈的人格魅力,寻找爱情真谛和幸福秘密,并为当代大学生树立正确的爱情婚恋观,培养其获得人生幸福的能力。

案例描述

全班分成不同小组,分别完成"红色爱情"主题的小组作业,然后在此基础上选拔优秀作业小组上台展示。其中一组学生的平时作业完成得比较好,他们的主题是"周恩来与邓颖超的红色爱情"。他们在老师的帮助下完善了心理学方面的分析,公开课由他们展示。

教学设计

课堂情景表演:在配乐中,学生们认真倾听周邓两人跨越半个世纪的爱情故事,沉浸在周邓两人甜蜜的爱情旅程里。小组同学介绍了这段红色爱情的相知相恋相守,朗诵两人的书信让大家感受其中的幸福。

展示问题:在当今社会,到底有没有不看脸的人?异地恋到底能不能长久?婚姻到底是不是爱情的坟墓?这些问题在当下十分受关注,引起很多讨论,大学生在媒体发达的当代接收到各种各样的信息和观点,对于这些问题有自己的思考,也可能存在一些疑问。

学生们积极地发表自己的看法。不同的回答反映出学生们的思考都有相似和不同之处。

问题讨论之后,展示小组从周恩来的童年经历和他人的评价分析周恩来的人格特点,通过荣格的人格理论和爱的五种语言分析周邓两人的甜蜜爱情,展示了两人的红色爱情对当代大学生爱情观念和婚恋观念的启示,整场展示结束,学生们为周恩来和邓颖超的爱情故事所打动。

教师点评:希望通过周邓的爱情来探讨这些问题,从中汲取一些思想的营养,从这一对革命伟人的爱情故事中找到答案。展示结束,教师从心理学层面探索红色爱情。通过介绍埃里克森的人格发展八阶段理论,让学生了解不同年龄层面上的人格发展特点。通过邓小平、瞿秋白、方志敏、孙中山等人的爱情故事,解读不同的爱情状态,带领学生们在这些事迹中探索,找到他们爱情的密码,从心理学层面让学生意识到爱情中不可或缺的部分。

师生互动:研讨他们爱情的成功,解释当下不少年轻人对爱情的疑惑。教师引导学生们以积极的态度正确对待生命中的爱情。

最后，根据党的十九大报告中对当代青年提出期望与寄语，教师进一步为学生们提供建议，引导他们积极对待爱情中的各项影响因素，建立正确的爱情观、婚恋观，追求一份幸福的爱情。

教学反思

"红色爱情"主题公开课的成功展示，为通识课的思政改革提供了一个很好的案例。学生在课后以不同方式表达了他们对"红色爱情"的理解和喜爱。在课后的校刊报道中，有这样一段描写："陆瑜芳老师是上海大学的明星教师，她开设的关于爱情心理的课程一直深受同学们欢迎，久居选课热门榜。课上以生动真实案例作为思考的引子，常常能引起台下同学的共鸣，课程内容与实时新闻相联系，时刻更新，让人百听不厌，教学方式多样化，课程游戏生动有趣。作为一名资深的心理咨询师，陆老师在课后也经常帮同学们解决情感的困扰，深受同学们的尊重和喜爱。此次，陆老师开设的'红色爱情'主题公开课为课程思政在综合素养课内的探索提供了很好的思路，课程取得圆满成功。"

课程思政建设可以在教学形式和教学内容的多样化上着力。教学形式上，应更多地让学生参与；教学内容上，可以将课程内容与当下的时政热点相结合，也可以与中国革命进程中的"红色爱情"故事相结合，还可以从中国文化、历史传统中汲取爱情智慧。

经 国 济 民

聂永有、陆甦颖、尹应凯(上海大学经济学院)
课程性质　核心通识课
案例主题　经国济民与中国梦
所属章节　中国之谜谁来解？

思政元素

"经国济民"引导学生站在全球视野了解中国经济，树立爱国情怀，从中国经济发展奇迹理解经济大世界。通过学习，让学生了解经国济民的内涵、感受中国经济发展，思考"国家需要什么、我们大学生能做什么"等问题，坚持实施价值塑造、能力培养、知识传授"三位一体"的教育，通过对经济学理论与经济现象的剖析，实现课程思政功能。

案例描述

从问题导入,即提问:经国济民的内涵是什么?中国经济发展奇迹的原因有哪些?采取多名教师"项链模式"教学,从不同的学科背景解读经国济民与中国梦,勉励学生学好各自专业,打开视野,积累本领。

教师一先从党的十九大报告提出的"中国特色社会主义进入新时代,我国社会主要矛盾已经转化为人民日益增长的美好生活需要和不平衡不充分的发展之间的矛盾"切入,指出解决新矛盾是实现中国梦的重要内容。经济学作为显学,是助力中国梦实现的重要学科。中国经济学应聚焦中国经济问题的解读,中国经济学研究应着力将论文写在中国大地上,中国经济学教育应致力于培养一大批在"经国济民"道路上勇于担当的青年人才。

教师二从经济史视角梳理经济学的前世今生,呈现中国自古以来的经济管理思想及西方经济学自2 400年前色诺芬《经济论》至今的发展脉络。"经济"的重要内涵是"经国济民","经国济民"的实质是"经世济国、经世济民;治理国家,造福百姓"。经济学发展过程中,曾出现以下现象:经济学的理论架构和话语体系已完全西化,人们谈到的"经济学"主要指"西方经济学"。然而现实是:改革开放以来,中国经济经历了高速增长,成为世界第二大经济体,但中国并未按照西方的标准模型进行制度转型,西方主流经济学无法解释中国的增长奇迹,这种现象被西方学者称为"中国之谜"。西方经济学理论已无法解读中国经济发展中的新情况、新问题与"中国之谜",亟需构建中国的经济学"话语体系",从中国的历史传承和文化视角解读"中国之谜"。

教师三从大历史视角对比公元元年至今的世界经济体发展,解读中国在世界经济体系的坐标。"历史的演进不是真空的,经世济民的方略也离不开特定的情境"。经济实践与理论相互印证、促进;历史在一定程度决定了制度成败,中国式的经国济民之路是大河文明情境下历史发展的结果与选择。让历史照亮未来,中国的经国济民之路走向何方?中国梦将为我们照亮前进的路。

课程总结:解读《大国崛起的"中国梦"》,指出"中国梦"是"实现国家富强、民族复兴、人民幸福","中国梦"将引领中华民族走上强国富民之路,站在世界看中国,"济民以经国"。

问答环节:教师们针对"中国梦"与青年担当、人工智能与大学生竞争力提升、技术更新与人才培养改革等问题与学生互动,引领大学生坚持中国特色社会主义道路自信、理论自信、制度自信、文化自信,鼓励学生将理论联系实际,聚焦中国经济研究,未来将论文写在中国大地上,在全球经济学理论发出更有力的中国声音。

教学反思

作为上海大学大国方略系列课程的"第五朵金花","经国济民"传承系列课程的教学模式、聚焦中国"经国济民"之路、解读"中国之谜"、启发学生寻觅"中国之谜",进而实现"中国经济发展经验进课堂、中国传统经济思维和思想进课堂、中国经济学话语进课堂"的教学目的。本次课程是"经国济民"第二季第一课。在全国深入学习贯彻党的十九大精神的背景下,课程对"十九大精神进课堂"作了更好的探索,更好地实施了价值塑造、能力培养、知识传授"三位一体"的教育实践。

生活中的经济学

王学斌、沈瑶、尹应凯、聂永有等(上海大学经济学院)
课程性质　核心通识课
案例主题　加大知识产权保护;从全球视野了解中国经济

思政元素

从卡拉 OK 收费这一话题开始,结合国内外多个案例,介绍知识产权及其经济学特点,讲述我国在知识产权保护方面的巨大进步,阐释知识产权保护与我们建设创新型国家的关系,使学生能够更好地理解党的十九大提出的"加快建设创新型国家""倡导创新文化,强化知识产权创造、保护、运用"的要求及其深刻意义;知识产权保护就在我们身边,我们必须遵守学术规范。

案例意义

从生活小现象理解经济大世界。"巨无霸指数"是一个非正式的经济指数，用以测量两种货币的汇率在理论上是否合理；"大排面指数"是以两地大排面价格之比，判断两地商品价格之比；将两种指数放在一起，向学生展示东西方不同的思维习惯，引导学生站在全球视野了解中国经济，树立爱国情怀。上海作为中国特大城市之一，其地面交通拥堵问题持续得到缓解，这是上海的成就，管中窥豹，这也是中国发展和复兴的一个典型表现。明白这些现象与背后的机制，培养学生对我国改革开放以来经济社会巨大发展的自豪感。

案例描述

案例一：

（1）由经历引出问题：绝大多数学生都有过去卡拉 OK 娱乐的经历，让学生分析所缴纳的费用会由谁来获得，激发学生对课程内容的兴趣；

（2）回顾我国卡拉 OK 收费制的产生和演变；介绍 WTO 给出的知识产权具体形式类别（例如商标、专利、版权、地理标志、工业品外观设计等），解释知识产权的内涵及其（经济学）特点，引导学生理解为何要保护知识产权，为何我们要遵守学术规范；通过多个案例（如苹果公司在中国的专利案和商标案、"乔丹"中文名字商标案等）说明我国在知识产权保护方面取得的进步。

（3）总结升华：使学生更好地理解党的十九大报告提出的加快建设创新型国家和倡导创新文化，强化知识产权创造、保护、运用的深刻含义。

案例二：

（1）问题导入，引发思考：宏观经济中的不同国家货币之间的汇率是如何确定的？微观经济中与民生最相关的房价是如何确定的？

（2）教学主体内容：解释"巨无霸指数"与"大排面指数"。"巨无霸指数"是一个非正式经济指数，用以测度两种货币的汇率理论上是否合理。美国议员以"巨无霸指数"为例，指责人民币汇率被低估。我们通过与"巨无霸指数"类似的中杯拿铁咖啡指数、Ipod Nano 指数等案例对比，说明人民币汇率并没有被低估，只是美国选择性地用汉堡包代替整体物价指数，得出人民币汇率被低估的结论;结合中美贸易摩擦,指出美国选择性地选取指标,实际是为本国利益服务。"大排面指数"是上海人发明的一个非常灵敏有效的房地产价格指数,即根据两地大排面价格之比来判断两地的房价之比,这一指数甚至比国家诸多部门制定的房地产价格监测指数还要准确。"大排面指数"并非笑话,它意味着级差地租和租赁价格对房地产市场的决定作用。可见,老百姓很聪明,人人都能成为经济学家。

（3）总结升华：通过讲解,使学生了解经济学理论无国界,但是经济学应用、经济学家有国界。"巨无霸指数"体现了全球视野,引领学生"站在世界看中国";"大排面指数"充分体现了中国老百姓的经济学智慧,鼓励学生理论联系实际。

案例三:

（1）从现象引出内容：上海作为中国特大型城市之一,其地面交通拥堵的问题持续得到缓解,主要归于三个原因：一是高架道路网的建设；二是机动车牌照拍卖制度限制了机动车保有量；三是发达的地铁网络降低了地面交通的压力。

（2）介绍相关的经济社会发展和经济学知识：一是简述上海车牌拍卖制度的来龙去脉；二是上海车牌拍卖制度与现今上海通达的高架道路网建设的关系,这样的高架道路网络,是世界唯一也是中国奇迹的魅力之一；三是介绍具有代表性的上海车牌拍卖制度、北京车牌摇号制度和广州车牌有效报价制度,并从外部性问题解决、社会福利等经济学角度,对这三种制度的利弊进行比较分析；四是介绍比较通行的拍卖形式(英式拍卖、荷式拍卖)及其规则。

教学反思

通过"问题导入—内容讲解—总结升华"三个环环相扣的环节,实施价值塑造、能力培养、知识传授"三位一体"的教育,通过对经济学理论与经济现象的剖析,实现课程思政功能,激发学生对经济学理论与经济学研究的兴趣,培养学生人文情怀,引领学生树立文化自信,具有良好的实施效果。本课程教学手段较为丰富,如iclass辅助师生互动,但是作为核心通识课,专业性与通识性的平衡点还有待进一步把握。另外,团队也将引入更新颖更鲜活的教学素材,应用于本课程。

生命的奥秘

黄海(上海大学生命科学学院)
课程性质　核心通识课
案例主题　DNA 证据沉冤昭雪
所属章节　第一讲 生命是什么?

思政元素

　　现代生物技术可以通过痕量的生物样本获得可靠的个体 DNA 全部的遗传信息数据,用于个体确认或亲缘关系推断。DNA 遗传信息鉴定在 1994 年开始被 FBI 司法系统所采用,并作为法律证据。每个个体具有自身独特的 DNA 遗传信息,细胞中的 DNA 不随个体年龄和环境变化而变化(辐射和诱变剂通常影响少数细胞的 DNA 上的少数碱基)。犯罪嫌疑人为了逃避追踪,常不择手段,如通过整容或换皮肤,甚至换眼球等器官改变形象,但是其细胞中最初的DNA遗传信息还是稳定不变的。因此,通过DNA遗传信息分析,有助于识别改头换面的犯罪嫌疑人。在此项技术帮助下,许多潜逃十多年以上的犯罪嫌疑人被抓捕归案。因此本案例既可以了解DNA分析技术的应用,又反映了广大公安干警恪尽职守、默默无闻地守护人民的安全。

案例描述

在生命的演化学习过程中,我们已经了解生命体的遗传信息由RNA为载体到以DNA为载体的演化过程,DNA在群体演化中扮演重要角色。DNA也会自发或受到外界环境影响不断突变,个体发生变异导致新物种的产生。要深刻理解实践中DNA这些特性如何得到合理应用。

案例一:

1996年8月2日,王某在郑州市犯命案逃跑至内蒙古乌海市乌达区西山陵园工作。2016年11月22日,民警获得其指纹和头发毛囊细胞的DNA,在将其DNA与亲属进行比对确认后,对王某实施抓捕。该案例中的犯罪嫌疑人已经逃亡20年,音容相貌与当年立案材料相差很远,通过DNA指纹分析方法来判断犯罪嫌疑人的身份就是一项重要的生物证据实例。

这里有两个问题需要大家讨论:王某的DNA和他的亲戚的DNA相同吗?如何根据DNA来断定王某的身份?(这里进行小组活动,同学之间商讨问题的解决办法)现代生物技术可以分析痕量的DNA证据,一滴血、一根头发、一滴精液都可以举证犯罪嫌疑人。我国也在逐步开展昭雪计划,对以前的冤假错案重启DNA证据。上述例子中公安干警以DNA指纹为法医证据,助力刑侦抓获逃亡20年犯罪嫌疑人。

案例二:

1996年4月9日,内蒙古17岁的呼格吉勒图由救人变成强奸杀人犯。直到2005年10月23日,呼和浩特市破获一起系列杀人案,犯罪嫌疑人赵志红承认当年奸杀案后,呼格吉勒图的冤情才得以昭雪。如果当年生物举证技术得以普及,这个案子就不至于沉冤9年,数个生命和家庭也将走向不同的轨迹。在刑侦案件中,如何保存生物证据,如何健全司法制度?

上述两个案例都涉及人的DNA,人的DNA在有生之年是不会变化的。但是许多生物的生命很短暂,昙花一现,蜉蝣一生。在适宜的温度下,细菌 2 小时一代、病毒 3 天一代,半年中细菌可经历 2 160 代、病毒可经历 600 代,DNA 变化是很大的。

小结:本次课程通过学习 DNA 的分子进化,了解该项技术在法医取证上的应用,了解司法人员坚守本职工作,不忘初心,几十年如一日守护人民的安全。大家走上工作岗位后,也要向他们学习,牢记使命,爱岗敬业,励志奋斗。

教学反思

案例中有 20 年追凶的故事,也有冤案沉雪令人扼腕叹息嘘唏不已的案情,更有山穷水尽、峰回路转的举证故事。课堂上设立临时法庭,学生相互探讨,情景热烈。许多学生反映,原来以为达尔文进化的理论就是"物竞天择,适者生存",没想到还有这么有趣有料的应用。学生更希望在课堂上师生互动、生生互动。本课程在最初设计时也想利用翻转课堂模式,但是该模式对学生要求会更高,对于通识课,学生彼此不认识,课外学习合作模式较之更值得深入研究探讨。

如果结合案例讲授一些高等数学的统计聚类分析,加大知识难度,可能对学生帮助更大,不过由于教学课时限制,兼有大一新生,可能要求有些高了,只能作为课后拓展。

如何将课堂活动和思政教育结合起来,是件很有重要意义的事情。大学生中独生子女较多,大都是家庭的中心,众星捧月。但大学教育,需要强化他们的使命感和责任担当,真正实现钱伟长校长倡导的上海大学校训——"先天下之忧而忧,后天下之乐而乐",立志为祖国富强和民族崛起而努力奋斗,成就有价值的人生。

苏轼与中国文人画

胡建君(上海大学上海美术学院)
课程性质 核心通识课
案例主题 宋代文人生活与创新设计衍生
所属章节 第四章 西园雅集与苏轼朋友圈,第五章 文人生活与日常的诗意

思政元素

"文人"是中国历史上的一个独特群体,特别是以苏轼为核心的元祐文人圈。他们天资超逸,渊雅风流。这些有着家国情怀的文人凭借书画艺术的平台,发乎创作,潜乎思辨,营造独特价值原则与独立图式系统以及自成格局的人文气象,对构建中华民族艺术精神发挥了不容忽视的作用,也成为世界艺术史上的孤例。

与书画作品相对应，心性优雅细腻的文人，以超乎寻常的审美与要求参与到手工艺领域，发挥创新精神与工匠精神，比如对文房用品、日常佩饰的设计与改进等，从而大大提高了相关手工艺作品的格调与品位。"宋代文人生活与创新设计衍生"章节正是强调了这些方面的内容。

本案例的意义在于，在学生学习课程基本内容之余，关心万物生长，关心四季流转，追求优雅的慢生活方式，培养维系终身的一技之长，做一个有情怀、有担当的人，由古及今，以古鉴今，实现中华民族伟大复兴的中国梦。

案例描述

本课程以教师授课为主，配合师生互动、课程内容情景剧演示与点评、课余辨认宋人所使用的芳香植物、参观美术学院相关文人工作室及展览等形式，拟在基本掌握典籍和综合分析文献材料的基础上，了解以"苏轼与中国文人画"课程之"宋代文人生活与创新设计衍生"篇章，兼及文人与香、文人与琴、文人笺纸、文房器物等诸方面展开，并以部分自藏旧物与衍生设计为例，向宋代文人致敬，向传统致敬，将人文情怀与工匠精神融入日常生活与当代文人空间用品的衍生设计之中，重构优雅的慢生活方式，培养学生的创新意识与工匠精神，培养家国情怀。

在教学中，老师贯穿性情与爱好的养成，鼓舞学生们的热情，打开学生视野与思维，引领学生对该课程或专业产生兴趣，使学生在课程结束后进行自觉的持续学习，将研究的热情维系终身。授课时，教师不照本宣科，不进行枯燥刻板的知识传递，而是以一种自由而广阔的状态，有时枝枝蔓蔓、无限延伸，有时是传递一种信心，包括教师的综合学养、个性特点、人格魅力等，只有触动自己的授课状态才能真正打动学生。

除了讲课之外，教师在课堂上赏析宋元文人画的高清图本，小组讨论、表演相关课堂情景剧，课后学生之间相互点评，并观摩、学习宋人的白描实践。教师还尝试走出封闭的课堂，设计一次拓展性的室外教学，让原本学生认为枯燥的学科变得精彩丰富，一路指认学校芳香植物，比如苏轼时代曾经用作书房香料的"侧柏"种子，使学生有直观的深刻印象。安排学生参观美院"文人空间与作品"展览，各专业学生通过自己的学科知识与眼光给予解析，将各学科有机地融会贯通，让各专业学生有效合作，将理论教学与生动广阔的实践相联系，并交叉互动，使教师与学生、不同专业的学生在认同与合作中共鸣,在共鸣中深化,从而将教学推向丰富多彩、无限深广的可能。

课程关注学生人文修养与综合素质的养成,认为大学课程在系统的专业学识之外,更重要的是生活与情怀,结合育人、德育、自然教育,加强人文素质、家国情怀、科学精神、创新意识与社会责任感的培养,使学生眼界开阔、内心优雅、人格完善、怀有大爱,使自我教育成为维系一生的主动追求。鼓舞学生们正视传统,学习传统,以古鉴今,培养家国情怀,在实现中国梦的生动实践中放飞青春梦想,书写既有历史底蕴又有创新精神的新篇章。

教学反思

本课程关注学生人文情怀、家国情怀与综合素质的养成,实施效果较好。学生在课程结束后,普遍认为大学课程在系统的专业学识之外,更重要的是生活与情怀。在课程实施过程中,学生的主观能动性还可进一步得到提升。大学期间要志存高远,脚踏实地,让学生把学习作为首要任务,树立梦想从学习开始、事业靠本领成就的观念;要肩负起时代赋予的重任,敢于吃苦,勤于实践。学习传统,向古人致敬,同时善于开拓,勇于创新,心怀大爱,使自我教育成为维系一生的主动追求。

智慧地球与创新思维

蓝箭(上海大学机械工程与自动化学院)
课程性质　核心通识课
案例主题　科学技术是动力　保护自然是内涵　人文精神是核心
所属章节　第二章　智能传感器

思政元素

为谁培养人、培养什么人、怎样培养人是教育的根本问题。钱伟长校长曾说"爱国、做人、专业,国家需要就是我的专业",主张要培养全面发展、具有创新精神和综合能力的人。"智慧地球与创新思维"的课程理念是"科学技术是动力,保护自然是内涵,人文精神是核心",旨在引导学生探讨传感器、大数据和云计算、物联网和人工智能等技术的基本原理与发展方向,告知学生科技对未来人类与社会发展的影响,要求学生以科学发展观,从不同角度和思维探讨科技、人文、自然之间的关系。课程要求学生大量学习课外资料与调研,以国内外、校内外的案例,用沉浸式教学的方式,将思政元素"爱国情、责任感、报国心、诚信度"融入教学中,培养具有家国情怀、全球视野、能应对未来变化的高素质拔尖专业人才。

案例描述

本案例讲述 GPS 传感器,要求学生们拿出手机进行数字化 GPS 点名,图示展示学生的点名结果,提问学生：GPS 点名为什么会产生地理位置的偏差？同时请学生写出自己手机里有多少个不同类型的传感器,它们各自的原理和作用是什么？

当堂解析信号传输方法和基本原理,告诉学生们 1 毫秒的误差,在定位精度上的距离误差为 300 公里；而 1 微秒的误差,影响定位精度为 300 米；1 纳秒的误差,影响定位精度的 0.3 米。手机系统授时的时间和手机元器件精度都会影响位置的准确性。如果用在航天领域,就是失之毫厘、谬以千里了,引发学生对中国航天发展的自豪和骄傲。

课堂组织学生讨论庆祝中华人民共和国成立 70 周年大会阅兵式中的专业相关技术,告知学生那些国之大器中的专业知识和基本原理,并提出了阅兵式的看点,让学生明白自己是祖国的未来和栋梁,必须为国家的发展承担自己的责任。学以致用的教学思政模式使学生们结合专业与现实,深深明白自身所肩负的责任。

学生反馈

王良宇 19122065：从小我就立志长大精忠报国,但是在高中时紧张的学习让我暂时放下了这种想法。上了蓝箭老师这门课后,我作出了一个决定,以后要为国家多做工作。我养成了浓浓的爱国情感。我发现大学是我梦开始的地方,是我报效国家的真正起点,因为国家在,家才在,国家兴,人民兴,更应该跟随国家的政策,不仅要爱国,更要充满着大爱,爱着全人类。我不仅要展示自己的专业素质与素养,更要展示自己最好的品格与品行,怀揣着爱、智慧,与责任同行。

戴轶杰 18121523：仔细回想老师的一句话很让我动容："下一次的阅兵是否能够留下你的身影！"作为一位电气工程及自动化专业的学生，我也是祖国未来的希望。一位工科老师的通识课能够给我带来如此深思，让我完善了自我道德感，以人类未来发展为己任，令我感触颇丰。在蓝老师课堂上，我知道了中国的实力很强，但在诸多领域想要赶超美国等发达国家，还需要几十年的时间。几十年，我们这一代大学生就是上一辈的接班人，可是我们能为国家做些什么？此时此刻，我越发觉得我应该脚踏实地，认认真真地去学习，打好基础。正如蓝老师所说："大学学的是能力。"学好能力，未来才能成为栋梁之材，报效祖国。当我们人人都能有同理心和责任心，人人都拥有高素质，地球何愁不文明？社会何愁不进步？

教学反思

以立德树人的爱国情、责任感、报国心与诚信度，培养学生对专业和课程的兴趣，引导学生从专业角度看中国、看世界、看未来。把课程理念放到国家层面上，强调学以致用，使学生们明白自己身上的责任与担当。学生产生学习原动力，明白为什么而学习，理解智慧地球的目标对应的就是要实现"人类命运共同体"。

中国饮食文化

高海燕(上海大学生命科学学院)
课程性质　通选课
案例主题　"治大国若烹小鲜"——科学与哲学
所属章节　饮食文化中的科学

思政元素

"治大国若烹小鲜",反映了饮食中的基本科学原理,包括原料、加工过程等对食品的影响。加工食品包括饮食都要了解原料的特性,不违背味道的基本原则;在加工中要了解加工工艺等对食品味道、营养的影响,过犹不及,根据材料特性及需求做到科学加工。案例折射出深刻的哲学思想,从最基本的做人、做事到经济发展、国家治理,都要了解事物的特性与本质,要循序渐进,恰到好处,不急功近利。通过此案例,学生要了解其中的科学道理,思考其中蕴含的哲学思想。

案例描述

"治大国若烹小鲜"语出老子《道德经》,讲的是厨师伊尹和君王商汤谈论饭菜时说:"做菜既不能太咸,也不能太淡,要调好作料才行;治国如同做菜,既不能操之过急,也不能松弛懈怠,恰到好处才能把事情办好。"商汤听了很受启发,便重用伊尹治国。

烹调美味首先要认识原料的自然性质,然后要善于运用水、火的作用,不违背基本原则;而且,调味之事是很微妙的,要特别用心去体会。经过精心烹饪而成的美味要"久而不弊,熟而不烂,甘而不哝,酸而不酷,咸而不减,辛而不烈,淡而不薄,肥而不腻"。这与中医强调认清自己的体质,在生活中调和阴阳,平衡摄取五味养五脏,万事"致中和"的原则似有异曲同工之妙。

本课程采取提问方式引入案例,引发学生思考;采用讨论方式,帮助学生理解案例的饮食科学;引申案例中的哲学思想,结合所学专业展开讨论与交流;引导学生,结合习近平总书记在讲话中引经据典,进一步深刻理解其中所蕴含的治国之道。

教学反思

学生对结合生活的案例有切身的感知和体会。案例的选取比较贴合实际,具有现实性。学生发言积极主动、分析比较深入到位。教师结合为人处世、管理、国家大事等各方面展开分析,给学生较为深刻的感悟。后续,本课程还将精选具有代表性和现实性的案例,提高学生的兴趣与参与度;扎实做好案例教学的前期准备工作,包括讨论题目、教学环节策划等,灵活而严密地实施课堂教学活动。

中国音乐史

单林(上海大学音乐学院)
课程性质 学科基础课
案例主题 乐府及其中华民族音乐的融合
所属章节 汉代音乐

思政元素

  本案例所反映的是中华民族音乐在历史上的第一次大融合：一是乐府本身的繁荣，采集多地民歌；二是汉王朝与北狄民族音乐的融合；三是丝绸之路开通后西域多地的音乐逐渐流入中原地区，既与汉族音乐融合，同时也成为中国宫廷音乐的重要组成内容和形式。案例选用的意义在于强调中华民族音乐的组成特点，因为从这一阶段开始，中国音乐显现出鲜明的多民族、多文化、多区域和多风格的融合形式,既丰富了音乐本身的构成,也反映出中华民族宽广博大的精神世界和兼容并蓄的情怀。

案例描述

本案例的教学内容包括汉代音乐概括及几个重要部分:

(1) 乐府的发展及功能作用。一方面介绍乐府的基本情况,如宫廷音乐的形式、体裁、制度,另一方面则通过乐府的工作方式,即采风制度的确立和行使,使中国多民族、多地区、多文化音乐的融合成为可能,这是中国音乐史发展的一个重要节点。虽然,周代已有重视四夷之乐的表现,但其规模小、成熟度低,而乐府则具有质的飞跃,重视民间音乐的作用使得中国音乐的发展更为鲜活、真实,更具生命力。

(2) 北狄音乐的形式与内容。北狄鼓吹乐的发展成熟对汉民族有着巨大的影响,讲述中既包括这些鼓吹乐的具体构成,同时也将其汇入中华民族音乐的融合之中,突出本堂课的主题思想。

(3) 丝绸之路开通后的中华民族音乐。这部分内容也是重点,主要介绍丝绸之路沿线地区的音乐分布与特征,包括音乐内容、表现方式、体裁、乐器、音乐理论以及这些音乐对于汉民族音乐的影响、作用、渗透、融合等方面。在此基础上,教师重点陈述中华民族音乐的融合。这一部分内容的教学主要是理论讲授,辅以音响聆听和图片介绍。理论讲授主要是这些地区的音乐类型、特征、形式、体裁、乐器、功能等内容,重点是类型、体裁和乐器,特别是北狄乐的体裁和乐器、丝绸之路上的乐器等;音响则主要聆听这些乐器的音色、特征、表现力;还有大量的该地区或民族音乐风格的聆听和辨别;图片主要介绍乐器的形式。

教学反思

本课程内容和形式丰富,教学方式多样,教学效果良好,学生的注意力较为集中且乐于思考;学生能够理解和认识中国音乐的组成方式和特征,这对于了解中国音乐的本质具有积极意义。但是与整个中国音乐史的古代部分一样,缺少具体的音乐形态,以及实际性质的准确的音响,使得整个课程多停留在理论层面和思辨的角度,客观上存在一定的单调性。今后还应更多关注学生的感性认识。

大学英语 A(1—3)

白岸杨(上海大学外国语学院)
课程性质 公共基础课
案例主题 青年教育与文化自信
所属章节 Reader's Choice Unit 4

思政元素

以英语为工具，以英语文化为"他山之石"，通过英文原版教材中关于文化差异的课文，以及课外阅读中外国人对于中国文化的理解，帮助学生从理论和实践的层面认识文化自信的理论基础以及重要性，进一步增进文化自信。

案例描述

教学目标：通过课堂教学以及课外阅读、思考写作，增进文化自信；在训练阅读技巧、提高写作能力的同时，了解文化多样性的重要，进一步加强中国文化自信，增进文化自觉。

教学时长：课堂教学2课时，写作讨论2课时，中间学生自主阅读写作2周。

教学语言：全英语，涉及英汉翻译内容的时候可使用汉语。

教学材料：教材课文——Reader's Choice Unit 4；课文题目——*Stereotype of Stereotypes*；课外自主学习阅读材料——*The Western and Chinese Civilization Contrasted*（作者：Bertrand Russell）。

教学内容：泛读课文，通过 skimming, scanning 等阅读技巧，充分理解课文内容以及重要的文化主题"文化差异没有错，需要尊重"；通过英汉翻译对比学习中国文化中"和而不同"概念的语义内涵，同时了解语言结构体现的文化差异；自主学习罗素的文章，了解20世纪初英国学者对中国传统文化儒家学说和道家学说的解读和评价。进一步开展评判性思维锻炼以及学术写作练习。以课文和阅读材料的内容为基础，以中国文化为基本论据，从当代大学生角度，阐释对课文和阅读材料的观点的评判以及对中国文化的认识。写作以回答思考题的形式体现：

A. What is Russell's idea about Chinese civilization? As a student of Post-90s, do you agree with him?

B. What is Russell's idea about Western and Chinese interaction? Do you think it holds in 21st century?

教学方法：学生自学为主，教师引导为辅，兼顾理论与实践，结合讲解、思考与讨论等，借助多媒体，完成教学内容，实现教学目标。

课文理解：以PPT为载体，通过问答形式，引导学生先通过 skimming 了解课文大意，再运用 scanning 确认文章主要观点。（阅读＋思考＋问答）

思辨阅读：就文化多样性主题，结合中国文化特点组织学生讨论，自然引入文化自信，追本溯源，从让西方人了解中国文化的角度，引导学生努力学好英语。（思考＋讨论＋讲解）

跨文化学习：由文化多样性和文化自信概念延伸，介绍英语中 Agree to differ 的概念以及中国传统文化中的"和而不同"，通过英汉语义内涵分析、文化来源对比等手段，深入理解中西文化差异以及特点。（讲解＋思考＋讨论）

自主阅读与写作：学生阅读罗素的文章，并以课文中文化差异的理论为基础，通过回答问题的方式来表达个人对罗素观点的理解，以及对文化自信和中国文化的思考。作业上交之后，教师就英语阅读、写作技能以及思想表达进行书面点评和反馈。利用课堂教学对文章内容进行讲解和讨论，并着重对学生作业中反映出来的英语技能问题和思想认识进行分析讨论。（自学＋阅读＋思考＋写作＋讨论＋点评）

概括与总结：复习文化多样性概念，树立文化自信，以传统文化中"和而不同，求同存异"的理念在未来跨文化学习和工作环境中处理文化差异问题。

教学反思

英语技能训练效果明显，大多数作业反映出学生对中国文化有了进一步了解。通过英语和英语文化这一"他山之石"，学生更加认识到中国文化与西方文化的不同正是历史、地理等各种因素综合影响的结果。中国文化有其自身特点。学生反馈：学英语，反而让自己的爱国意识更强；为中国文化感到自豪；我们与西方文化不同是正常的，不必妄自菲薄，也不能妄自尊大；希望把英语学好，可以向世界传播中国文化；通过英语思考，会更加理性地看待我们地弱势和不足，努力把国家建设好。

"00后"大学生有各种获取信息的渠道，但是分辨能力尚不强。他们处在自我认知发展阶段，非常需要正确价值观的引导。教师在课堂教学中，要给学生足够的证据，足够的"干货"。改革开放和经济发展让学生对西方文化有了更多了解，有的甚至有崇拜心理，但是很多是肤浅理解甚至误解。教师有必要带领他们深入了解并进行对比，既可增强文化自信，也可发现不同文化各有其灿烂。这是我国未来的跨文化人才应有的特质。

教师用润物细无声的方式，引导学生阅读和思考，最终帮助学生自己发现问题和解决问题。这就要求教师对中国文化有较深刻的了解，这也对教师的学养提出了较高的要求。

财务成本管理

甘丽凝（上海大学悉尼工商学院）
课程性质　专业选修课
案例主题　投融资基本原理——新发展理念下"五位一体模式"思考
所属章节　第一章　财务成本管理概述

思政元素

本课程以习近平新时代中国特色社会主义思想为指导思想，将新发展理念融入长期投资和长期融资的"五位一体"模式并开展企业投融资实践，具有理论创新和实践创新意义。

案例描述

以新发展理念为指引，基于"五位一体"模式展开教学课堂设计（详见图1）。图1展示了基于新发展理念的"五位一体"模式下的课堂框架。该框架围绕

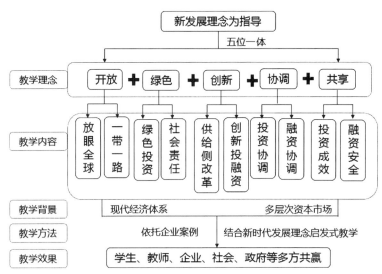

图 1　基于新发展理念的"五位一体"模式下的财务管理基本原理课堂框架

新发展理念,在"五位一体"模式下进行课堂整体设计。依托现代经济体系和多层次资本市场发展的新时代背景,以"五位一体"为指导,设计教学内容,构建教学模式和教学方法,以实现教学效果。

"五位一体"教学理念包括开放、绿色、创新、协调和共享五个维度。"开放"体现教学理念是在吸取他人教学精华基础上开辟本课堂的特色,"引进来和走出去"双向思想开放;"绿色"体现在健康的教学环境理念,为学生学习营造良好的学习环境;"创新"体现在教学中创新教学方法、教学模式和教学内容等,坚持科学创新;"协调"体现为教师和学生在课堂上的协调互动,同时兼顾不同基础学生的学习反馈,使教师和学生通过课堂实现协同进步,不同基础学生之间实现共同进步;"共享"体现为教学质量的提升和教学效果的共享,学生与学生之间的共享,教师与教师之间的共享,学校与学校之间的共享,学校与用人单位的共享以及学生、教师、学校、企业和政府等多方共享教学成果。

本次课程,一是以习近平新时代中国特色社会主义思想为指导思想,将其中的"坚持新发展理念""坚持依法治国""坚持人与自然和谐共生"三个坚持运用到财务管理基本原理的教学设计中。二是将"新发展理念的'五位一体'模式"应用到财务管理决策,"开放"设计注重放眼全球和"一带一路"重点建设,是指企业投融资环境的背景;"绿色"设计注重绿色投资和社会责任,是指企业投融资环境的理念;"创新"设计注重供给侧改革和投融资创新,坚持科学创新投资和融资,是企业投融资的行动指南;"协调"设计注重"投资协调"和"融资协调",是企业投融资的主要手段;"共享"设计注重投资成效共享和融资安全,是企业投融资的积极效果。三是将"协调与共享"发展理念运用到财务管理目标的讨论中。四是结合"贯彻新发展理念,建设现代化经济体系"思想,让学生认识和熟悉我国金融市场的发展。

教学反思

依托企业案例和新时代下发展新理念,采用启发式教学方法,运用多媒体教学手段,实现立体式教学课堂,以期实现高质量的教学效果。学生能够结合专业知识,理解和掌握习近平新时代中国特色社会主义思想并能创新地应用于课堂;教师能够高质量完成教学任务,提升教学效果。同时,教师将该教学理论运用于指导企业实践,实现企业股东价值最大化,有利于提高政府治理质量,达到多方共赢。

字 体 设 计

吴莹(上海大学上海美术学院)

课程性质 专业课
案例主题 汉字艺术源流与设计方法
所属章节 《字体设计(新一版)》(吴莹著)第一章、第四章

思政元素

  在文字出现之前,人们之间的信息传达与交流基本靠口口相传的方式。随着人类社会的不断进步,文字也在不同地区相继产生与发展。早期的文字作为一种书写语言,大多被赋予图形表述的视觉形式并逐渐衍生为表形、表意或表音的符号,承担着信息记录与传递的功能。在字体沿革与发展的过程中,以中文为代表的象形文字,其字形的多样性成为独立于语言意义之外的视觉艺术形式。

同时,字体的设计也成为人们阅读或识别信息的有效手段。例如,不同类型的现代汉字印刷字体所表现出的笔画基本造型是不同的,但其在组合结构上的规律是一致的,如先主后次、上紧下松、横细竖粗、穿插呼应、协调统一等。这些形成美感的构成规律不仅使汉字字体匀称、美观,而且还可以被运用于其他设计领域。汉字作为中华民族传统文化的代表之一,因其独特的造型语言而具有无比的亲切感,成为最具原创力的艺术表现形式。汉字及其字体形态在其源流与发展的过程中所透射出的审美意识、设计方法等更为新时代中国现代设计教育提出新的启示。

案例描述

课程以上述意义为立足点,着重从汉字与书法的形态构造、特定形式的意象作用和象征意义及工具媒介的运用等方面来呈现其中蕴涵着的民族美学观念及其在平面设计中的传承意义。课程力图从感知、理解、再现汉字结构形式以及利用现代设计观念达到对传统文化和民族图形语言的重构,通过东西方文字与本土化艺术语汇的对比、映衬、沟通、互补,最后形成现代字体设计与传统文化互通、互动、互融的广阔设计空间。

第一章,主要从中文汉字体系的源流与沿革进行阐述,通过字体发展脉络的梳理,了解世界文字从"象形"走向"表意",并进一步形成"象形"与"表音"两大字体体系的过程,初步完善字体发展的历史观念与技术观念。通过汉字"书画同源"的起步规律,了解汉字与书法、国画之间的因循关系,从工具、媒介以及印刷技术等方面认识汉字结体特点与笔画规律的形成过程。中国古代的象形文字是原始先民们用简明的点和线组成的表意符号,人们将生产生活中见到的种种事物的外形特征用点和线概括出来,用极简练的笔画表现出意境,刻画出事物具体的或抽象的含义、静止的和运动的形态,并表示出人与自然、人与人之间的关系。象形文字既是字,又是画。这种造型表意的手法,一直流传到今天,成为汉字体系的美学基础。在今天汉字印刷字体中,最为主要的字体——宋体字,正是中国书法与雕版印刷结合的产物。宋体字起源于唐代的楷书,不但具有中国书法的魅力,还具有雕版印刷与木版刀刻的韵味。这些特点是刻工们在长期的刻写实践中对唐代楷书笔画进行归纳并规范化处理所形成的结果。他们为了提高工作效率,在不妨碍字体结构、形态的前提下,尽量减少重复用刀,将曲线变为直线,由此产生了字形方正、横平竖直、横细竖粗、笔画挺拔有力、起落笔有饰角的特点。进入20世纪,科学技术飞速发展,随着时代变迁,人们的审美与社会传播都出现了巨大差异,设计者借助现代技术与设备对印刷字体进行不断的改善与设计,逐渐形成了具有鲜明特征的汉字印刷系统。

第四章,通过具体的实践过程从形态分析、效果运用与视觉表现三个方面使学生基本掌握现代汉字设计的创新思维与方法技能。为了能够更为清晰地看到不同字体在不同使用需求与使用场景下的视觉效果。在本书第一章关于字体演进历史的阐述中,曾经通过收集我国不同历史时期的图形、绘画等艺术作品与书法字体,进一步观察两者形态发展的关联性。这一收集比对过程将使学生对于中文汉字的形态演绎有了更为深入的了解,也有助于学生在汉字设计过程中对于字体结构、笔画、形态及内涵等方面形成更为恰当的表达与应用。以中国书法中的草书为例,草书作为汉字书法艺术的一种体裁,更趋向于体现书法家个人情感与个性,使文字向艺术化方向发展。草书笔画与结构的省略使其以点、画作为基本符号来代替偏旁或其他某些组成部分,形成了所有书法体裁中最具符号化特征的书体,形成了独特的审美价值。又如,汉字的字形结构从一开始就以"象形"作为造字方式,体现了强烈的"图形"意味。汉字本身就具有明显的形象特征与符号特性。进行汉字字体设计时,可以利用图形符号替换字体的部分笔画或偏旁部首,使汉字在字形上更具形象性和表现力。通过图形借代的方法,可以在视觉上给予观众更为直观的感受和更为有趣的字体形象。

教学反思

"字体设计"课程是艺术设计专业视觉传达设计方向学生的必修课和其他方向的选修课。通过对汉字艺术源流与设计方法的学习,学生了解了汉字在我国历史发展进程中的形态演变、结体规律与形式特点,并由此深入理解现代字体设计的范畴、内容与相应的功能关联。在此基础上,通过具体的实践过程,从形态分析、效果运用与视觉表现三个方面,使学生基本掌握现代汉字设计的创新思维与方法技能。一系列实验性练习内容随着课程的深入逐步展开,形式丰富多样,循序渐进,引领学生完整而深入地进行现代中文字体设计的学习,进而深刻领悟汉字文化所蕴涵着的民族美学观念和传承意义。

课程名：世界设计史
（原课程名：中国工艺美术史 A）

刘向娟（上海大学上海美术学院）
课程性质　学科基础课
案例主题　丝绸流金：7—10 世纪中国丝绸与世界文化交流
案例章节　第六章 7—10 世纪的欧亚大陆的纹饰设计

思政元素

　　思政投射点：坚定中国文化自信，推动社会主义文化繁荣兴盛。
　　内蕴融入点：从东方的视角看世界设计史发展。7—10 世纪，欧亚大陆上各民族文化之间的交流十分频繁，其中以物质文化交流尤为突出。本讲内容将这种交流与影响具体落实到两个方面：丝绸的生产流通及纹饰变化，并从中思考中西方文化交流中中国的角色。

案例描述

　　学界公认,丝绸织物在中国、亚欧大陆乃至世界设计史中具有突出重要性:一是丝绸生产地集中在中国,但丝绸贸易却能够一直通往欧洲的最西端,因此,在整个欧亚地理区域内,考察丝绸生产和贸易情况,就是最好的从东方的视角看待中西设计交流的一个案例。二是丝绸织物的纹饰虽随着个体不同而变化多端、纷繁多样,但其变化发展却展现出一条脉络,即文化之间的相互影响和吸收,其中最突出的要属茛苕纹饰、葡萄纹饰、联珠纹饰。三是对丝绸纹饰的研究,无论在中国艺术史学还是西方艺术史学中,都已经具备深厚基础,文献资料丰富,研究角度多样,如从图像学、经济学、形式分析等方面都有充分的研究,有着深厚的教学基础。

　　丝绸织物是中国传统文化的鲜明象征,也是整个欧亚大陆各民族人民珍视的物品。本案例以中国汉唐时期丝绸的生产、丝绸在中亚地区的贸易、丝绸在欧洲地区的传播为主要内容,讲述中国文化对世界的影响,描绘"一带一路"文化建设的历史渊源。

　　教学资源与手段:关于7—10世纪丝绸织物的收藏与研究,在上海博物馆、奥地利工艺美术博物馆、美国大都会博物馆和克利夫兰博物馆这些地方较为丰富。近十年来,互联网的发展进一步为学生获得这些资料带来便利条件。本课拟以线下参观与线上参观两种方式,为学生展现中国丝绸在世界设计艺术文化格局中的重要地位。在线下,带领学生参观上海博物馆,邀请博物馆专家讲解丝绸背后的故事。在线上,借助互联网技术手段,带领学生"参观"海外博物馆的丝绸实物。

教学反思

　　在目前已经取得的成果基础上,着重朝两个方向深入:一是如何通过丝绸这个具体的物的研究,升华到抽象的文化层面,思考中国文化的形成过程以及在此过程中发生的交流。二是如何让本科学生"触摸"到学科最前沿的领域,"接触"到学科内最具有前瞻性的学者、专家。

面向对象程序设计

李青(上海大学计算机科学与技术学院)
课程性质 学科基础课
案例主题 实践出真知
所属章节 第 10 章 构造函数及赋值运算

思政元素

"面向对象程序设计"是计算机科学与技术等相关专业的重要基础课程,具有训练计算思维、锻炼实际动手能力等作用。本案例中课程的重点为类的构造函数及赋值运算符函数重载,特别是深拷贝构造函数、深赋值运算符函数相关概念、必要性、实现原理、技术方法等内容。通过一个具体例子,逐步展开,不断改进。通过课外分组研讨及实际动手编程、课堂讨论等,使同学们理解"为什么"和"如何做"的问题,培养学生的批评性思维和科学精神。

案例描述

本案例是面向对象程序设计中封装部分的重点和难点。发行量巨大、获得多种奖项的《C++程序设计》教材中花了大量的篇幅设计了一个例题。然而,该例题却忽略了深拷贝构造、深赋值运算符等方面的知识点。在本课程教学实践中,教师认真分析了产生知识疏漏的原因,初步给出科学的解决方案,使学生们深刻理解深拷贝构造、深赋值运算符函数的重要性及应该完成的操作等。最后,再通过一系列课程小项目的实施,使学生们举一反三,通过实践掌握相关知识。

教学反思

课程的总体教学效果良好,绝大多数学生能通过独立思考、小组讨论理解问题的由来、解决问题的方法。同时,通过该案例,使学生认识到,不能唯书本、不能盲从,要用自己的独立思考以及反复实践,将所学的知识转化成分析问题和解决问题的能力,今后报效国家。

中国概况

杨静(上海大学国际教育学院)
课程性质 学科基础课
案例主题 "我的中国梦"演讲稿
所属章节 期末课程考核

思政元素

作为"中国概况"课程的期末考核,要求国际学生结合个人留学中国的动机、来华学习的体验、在中国的所见所感所思以及本课程的教学主题和内容,以"我的中国梦"为主题写一篇演讲稿,旨在推动国际学生将个人的发展需要与中国发展的宏观背景结合起来,思考"留学中国"的意义和目标。

案例描述

"中国概况"课程常规的考核方式是围绕中国国情开展知识点考核。课程思政教学改革中，本课程对背书式考核作了改革。以"我的中国梦"为主题写作演讲稿是在课程开课之初就确立的考核方式。在开学第一课就引导国际学生反思自己的来华留学动机，回答自己留学中国的目标和如何发展的问题。随着课程教学的开展，结合每一章节教学内容，在不同教学主题中，这个问题反复呈现，促使国际学生不断深入思考个人发展与留学中国的关系、中国发展与个人未来的关系、中国发展与全球发展的关系以及人类命运共同体如何构建的问题。

在课程开始阶段，采用课前问卷调查和课堂交流的方式，初步了解国际学生的来华留学动机、选择上海大学的原因、未来职业的规划、对中国国情文化的了解程度等信息。课程实施过程中，根据主题教学内容，选择并播放相关的演讲类视频，并邀请高年级国际学生现场进行课堂演讲展示。在小组作业和课堂环节，有意识地引导学生阅读、思考、交流讨论，加深对这一主题的深入思考，达到逐步确定主题选择、不断修正写作思路的目标，让最终呈现的演讲稿成为一个水到渠成的、言之有物的成果。

其中，学生地娜以其课程考核演讲稿《念念不忘，终有回想》为基础，进一步打磨完善，作为上海大学留学生代表参加 2018 年上海市"新时代·中国梦·我的故事"大学生主题演讲展示并荣获一等奖。

教学反思

课程考核方式的改变，带动国际学生学习习惯发生改变，从死记硬背对付考试，变为关注学习过程和讨论交流，学生在了解中国国情、中国发展的过程中自觉地代入了个人发展的思考，有效增强了理解和认同意识，课堂讨论和交流的参与度也得到很大提高。但是第一轮授课班级人数近百人，一些热点讨论主题只能在网上教学平台设置，学生静态留言，无法开展互动。大部分学生的演讲稿写作内容是侧重个人留学中国动机，对如何达到目标和对未来的畅想涉及较少，反映出国际学生对中国发展与个人发展关系的思考不足。在下一轮试点中，考虑将"我的中国梦"这一较宽泛的主题细化为更切合国际学生专业发展需求的"小目标"主题，在教学中根据国际学生专业大类开展一些分组讨论。

社会工作实务

范明林(上海大学社会学院)
课程性质　学科基础课
案例主题　社会主义核心价值观
所属章节　《社会工作理论与实务》第一章和第二章

思政元素

　　社会主义核心价值观倡导友善、和谐、平等,社会工作专业倡导尊重、接纳价值伦理准则。一是促进学生理解社会主义核心价值观;二是促进学生掌握社会工作专业价值伦理准则;三是推动学生理解社会主义核心价值观和社会工作专业价值观的融合,以及其在实践中的运用。

案例描述

王某，今年 43 岁，有过一次戒毒经历，其丈夫也是一位药物滥用人员，有过多次戒毒经历。从 2006 年 7 月开始，社工与王某建立了帮教关系，王某曾于 2009 年 10 月被认定戒断毒瘾三年，后因复吸，在社工的帮助下参加美沙酮治疗，目前情况稳定。

在多年的帮教工作中，社工与王某建立了良好的专业关系。王某多次流露出想与社工进一步建立朋友关系，社工坚持自己的职业原则，告诉王某，如果在康复过程中碰到什么问题，社工将在权限范围内帮助她解决。在社工的努力下，社工与王某的专业关系没有受到影响。

有一天，王某和丈夫一起来到社工点，他们告诉社工，因为前段时间王某的丈夫生病，花完了他们一个月的生活费，两个人领低保的日期还有 3 天，现在家中已到了揭不开锅的地步，父母、亲戚都不愿向他们伸出援手。他们希望社工能借 200 元钱帮助他们渡过难关，并表示一领到低保就会将钱还给社工。

当时，社工明白职业原则不可以借钱给王某夫妇，应该当机立断回绝他们的要求，但多年来与王某建立的帮教关系，让社工意识到如果今天拒绝了王某的要求，那么帮教关系可能会受到极大的影响，这样不利于王某康复。权衡再三，社工最终将 200 元钱借给了王某，但在借钱给王某时与她约定了归还日期并进一步明确了彼此间的专业关系，希望这样的事情不再发生在今后的帮教关系中，如再发生这样的情况，社工将中止与她的帮教关系。

思考和讨论：上述案例中社工的做法是否符合社会主义核心价值观？是否符合社工专业的价值伦理？在不严重违背社会主义核心价值观和专业伦理准则的情况下，如何为王某提供更多的人性化的关怀？

教学反思

通过本案例及其分析，让学生明白必须坚持社会主义核心价值观和专业伦理准则；让学生投入并参与案例，深入思考并作分享；帮助学生提高专业学习的兴趣和主动性。